国家社会科学基金重大项目
"法国收藏中国西南文献的整理与研究（1840—1949）"
（编号：19ZDA221）的阶段性成果

近现代中法文学与文化交流研究丛书
总主编　彭玉平　郭丽娜

雨果与中国

程曾厚　撰文、摄影

Victor Hugo et la Chine

中山大学出版社
SUN YAT-SEN UNIVERSITY PRESS

·广州·

版权所有　翻印必究

图书在版编目（CIP）数据

雨果与中国/程曾厚撰文、摄影. —广州：中山大学出版社，2022.5
（近现代中法文学与文化交流研究丛书/彭玉平　郭丽娜主编）
ISBN 978-7-306-07480-5

Ⅰ.①雨… Ⅱ.①程… Ⅲ.①雨果（Hugo，Victor 1802—1885）—生平事迹 Ⅳ.①K835.655.6

中国版本图书馆 CIP 数据核字（2022）第 047293 号

YUGUO YU ZHONGGUO

出 版 人：	王天琪
策划编辑：	熊锡源
责任编辑：	熊锡源
封面设计：	彭　力　曾　婷
责任校对：	张陈卉子
责任技编：	靳晓虹
出版发行：	中山大学出版社
电　　话：	编辑部 020-84110283，84113349，84111997，84110779，84110776
	发行部 020-84111998，84111981，84111160
地　　址：	广州市新港西路 135 号
邮　　编：	510275　传　真：020-84036565
网　　址：	http://www.zsup.com.cn　E-mail：zdcbs@mail.sysu.edu.cn
印 刷 者：	佛山市浩文彩色印刷有限公司
规　　格：	787mm×1092mm　1/16　11.75 印张　230 千字
版次印次：	2022 年 5 月第 1 版　2022 年 5 月第 1 次印刷
定　　价：	60.00 元

如发现本书因印装质量影响阅读，请与出版社发行部联系调换

近现代中法文学与文化交流研究丛书

总主编： 彭玉平　郭丽娜

编委会成员：

滨下武志（中山大学）	董丽慧（北京大学）
万　明（中国社会科学院）	邹　琰（广州大学）
方维规（北京师范大学）	李晟文（加拿大拉瓦尔大学）
彭玉平（中山大学）	沈国威（日本关西大学）
黄仕忠（中山大学）	François Moureau（法国索邦大学）
王霄冰（中山大学）	Emmanuel Garnier（法国国家科学研究中心）
何文平（中山大学）	
王　蕾（中山大学）	Jean-Luc Nardone（法国图卢兹大学）
郭丽娜（中山大学）	李晓红（法国新索邦大学）
陈　喆（中山大学）	Antoine Gournay（法国新索邦大学）
柳若梅（北京外国语大学）	Philippe Postel（法国南特大学）
叶　隽（同济大学）	Antoine Vannière（法国马赛大学校预备学校）
董少新（复旦大学）	
宋　刚（香港大学）	Brigitte Nicolas（法国洛里昂博物馆）
李　纪（香港大学）	Aleksandrs Simons（拉脱维亚国家图书馆）
杨国政（北京大学）	

总　序
彭玉平

　　中国与法国是亚欧大陆的一对对踵点。语言和历史文化之差异，并不妨碍这两个在自然地理上具有高度相似性的国家都敬畏自然、热爱土地和向往海洋，孕育多样之人类文明，培养高雅之审美情趣。

　　中华文明源发多地，而中原则为其荦荦大端。九州之内，依山傍海，五岳矗立，平原广袤，东倚太平洋，南达印度洋，农耕文化与海洋文化并存。《诗经》崇尚自然，讴歌农事，所谓"载芟载柞，其耕泽泽。千耦其耘，徂隰徂畛"，即言其事也。而明郑和七下西洋，则是对海洋文明的有力拓展，也是欧洲地理大发现之前史上规模最大之海上探险旅行，极大地促进了文化交流。

　　法兰西文化共同体起源于文艺气息浓厚之巴黎盆地，西邻大西洋，南望地中海。古典主义时期，重农学派代表人物魁奈坚持"君主和人民决不能忘记土地是财富的唯一源泉，只有农业能够增加财富"，"农人穷困，则国家穷困；国家穷困，则国王穷困"的理念。为此，法王路易十五曾亲耕籍田。年鉴学派建构"整体史"（total history），第二代领军人物、集大成者费尔南·布罗代尔眷恋法国南部的橄榄树和葡萄园之海，也热爱狭长桨船和圆形商船的蓝色之海。他借用普罗旺斯谚语"赞美海洋吧！但要留在陆地上"，表达依托土地、向往海洋之意。中法两国据陆地而向海洋的精神，堪称神韵略似。

　　中法两国尽管相隔万里之遥，彼此间却未曾间断过联系、停止过接触。西方大航海时代拉开帷幕不久，法籍传教士取代葡籍传教士，成为远东文化活动之主力。海洋推动人流、物流和信息流的全球性流动，在不知不觉中改变了欧陆知识体系和欧洲人的认知模式，为欧洲发生思想变革埋下了种子。法籍传教士东来，既促成路易十四凡尔赛宫廷和康熙紫禁城的对话；也因诸传教群体介入典籍术语翻译之争，而激化中国礼仪争论。这场东西文化交流史上中欧双方能以平等文化身份参与的思想讨论，原本牵涉神义，却意外地为中华典籍及其所蕴含之东方文化精髓通达欧陆打开渠道，对业已开始的启蒙运动起到推波助澜之效。以法国学者狄德罗为代表的欧洲百科全书派，编写具有真正人类知识体系意义的百科全书，推介世俗知识，动摇了神权知识论。《科学和美术史文集》的作者们与伏尔泰和百科全书派展开论战，维护神义。中国古典学对欧洲启蒙运动产生思想启迪，是西方全球知识体系建构过程中之自觉行为。

与东学西渐同行的是，文化交往的另一向度——西学东渐。明末江南士子学人倡导"经世致用"之学风，西来学说与此契合，与"崇实黜虚"和"经世应务"之学术心理产生共鸣。西来之士导入算学、地图学、天文学、机械学、水利学和铸炮技术等科技知识，开拓江南士人的视野。以徐光启和李之藻为首之"西学集团"积极倡导，东林学派和复社士子大力推动，促成科技会通、新学旧学融会贯通之亮丽风景，成就了江南地区在中国近现代学术史和世界知识史上之独特地位，也为学术之浙粤递嬗做好了充分的前期准备。

后续中法交往不断深入。历史与学术同相，有其不可抗拒之规律，也偶有侧滑。只要立意为善，自有意想不到之功。鸦片战争之后，全球化进程加速。战争折射出经济利益分配争端、法律条文解读差异和文化习俗误读等诸多内容，错综复杂。《中法黄埔条约》以及后续若干中外条约的签订，没有改变世界之不平等面貌，不过仍然肯定对话和文化交流之必要。

不论是对于东方还是对于西方，相遇的磕磕碰碰，是全球化进程中不可缺失之环节。近观全球化，当然迷雾重重，疑窦丛生，不过历史车轮向前，科技发展，学术进步，数理化和计算机科学等自然学科以及文史哲、博物学、人类学、社会学、语言学、心理学和法学等人文社会学科，既实现门类化和专业化，又交叉发展，则是不可否认之事实与史实。王阳明心学以心为理，知行合一而后致良知。法国思想家利科指出历史和真理之辩证关系，请读者发挥思辨能力，在史学家之"正确"主观性上自我构建一种属于"人"之"高品位"主观性。由此可见，东西方思想在哲学层面上是有相通之处的，均重视主体之能动性。如今互联网高科技时代，人对自然和社会的认识，较之以往任何一个时代，均更加深入透彻，那么我们是否有更为高超之智慧，来面对当下，构思人类命运共同体这一全球价值观呢？

亚欧大陆是一片完整大土地，亚洲和欧洲之界限主要体现在自然地理上，而非文化精神上，此即钱钟书所谓"东学西学，道亦攸同"之义也。王国维花费了近十年时间沉浸在西方哲学、美学之中，但他后来幡然醒悟说："因此颇知西人数千年思索之结果，与我国三千年前圣贤之说大略相同。"他们都看到了中西文化彼此相通的特点。从文化流播之历史长时段看，汉唐之际佛教东传，印度、波斯和希腊化艺术传统在东亚艺术上留下印记；宋元之时东亚艺术和物质文化沿陆上丝绸之路反哺欧洲；西方大航海时代和中国明清时代，亚欧之间在海上丝绸之路再现文化和艺术之东传西渐，为今之全球化或世界化时代奠定基础。而无论哪一次文化碰撞，均表现出惊人之想象力与非凡之创造力。

本丛书以"近现代中法文学与文化交流研究"为名，聚焦亚欧大陆上两个历史悠久的国家间之文学和文化交往，旨在集中主题，讨论近现代史上主要人物的活动或主要事件的发生，毫无画地为牢、局限于中法或亚欧交流之意；相反，试图抛砖引玉，突破地理界限，思考人类命运共同体问题。不过，编者亦有自知之明，绝无意图，也无能力解决全球文学和文化交往史或世界文学和文化交往史之重大疑难问题。人类生活在地球之上，留下了无数印记，有图文、有音像、有写实、有想象。有的有迹存留，有的早已灰飞烟灭。人文社会科学，研究的是"人"之整体问题，古往今来，林林总总，只能择其要点，释其要义，力抓关键。学术务求"竭泽而渔"，而庄子警示"以有涯随无涯，殆已"。或许倾力而为，以稍纵即逝之"有涯"，由此及彼，以小见大，即便管窥蠡测，或可略"知无涯"，更说不定还有"山重水复疑无路，柳暗花明又一村"之学术新境生矣。

是为序。

前　言

　　早在 1962 年，我还是北京大学法国文学专业研究生的时候，我写下："雨果不失为中国人民的伟大朋友。"

　　今天回忆起 58 年前的这句话，事情经过，仿佛就在眼前。1962 年 3 月 29 日上午，一个极为平常的日子，我开始北京大学西语系法国文学研究生的生活才半年左右。那时，我经常去化学楼附近的教师阅览室。那天休息时，我轻步来到通向阅览室的阅报廊，站在当天的《光明日报》前。我读到程代熙先生从俄文转译过来的雨果这封信：《关于军事远征中国事致巴特莱大尉》。我大吃一惊。《悲惨世界》和《巴黎圣母院》的作者雨果，我当时正在阅读的陈瘦竹先生从英语翻译的剧本《欧那尼》的作者雨果，竟然会写出这样一篇热情洋溢又大义凛然的书信，倾情赞美我们北京的圆明园，猛烈抨击英法联军焚毁圆明园的罪行。雨果太不简单了。我要写篇短文感谢我熟悉的这位法国浪漫主义作家雨果。我激动之余，毫不吝啬我的感激之辞，在行文中写下"雨果不失为中国人民的伟大朋友"。只有这样，才对得起雨果对中国人民的同情和支持。"中国人民的伟大朋友"是我脑袋里挤出来的高级称谓。我激动之余，保留三分应有的冷静。"不失为"是"几乎可以是"的意思。我自己都没有料到，我会灵机一动，给这位法国浪漫主义文学的旗手，献上这样一顶光荣的桂冠。

　　20 年后的 1982 年，我做成一件重要的事情。

　　当时，我是南京大学的教师，我终于在南京图书馆找到一册法文原版的雨果《言行录》(*Actes et Paroles*，《流亡中》)，我从法文原文翻译雨果的《致巴特勒上尉的信》，投寄《人民日报》。1982 年 2 月 26 日，《人民日报》发表我的译文，加上一个醒目的标题："文明与野蛮"。

　　2002 年，又是一个 20 年后。

　　世事沧桑。1962 年往后 40 年，已是 2002 年。我先在北京大学求学 9 年，后在南京大学执教 30 年，现在在广州中山大学任职。历史的机遇，由我促成中法两国共同纪念雨果的诞辰 200 周年，我是中山大学和法国驻华

雨果与中国

大使馆联合举办法国作家雨果诞辰200周年纪念活动的协调人。

4月23日和24日两天举行纪念活动。4月17日，我提前一周，在《中华读书报》发表文章，通栏的红色大标题是：雨果是中国人民的伟大朋友。今天，事后看来，2002年的"雨果是中国人民的伟大朋友"只比1962年的"雨果不失为中国人民的伟大朋友"少了两个字。但是，我要说"但是"，事实上，《雨果是中国人民的伟大朋友》的作者撰文时并没有参考过自己40年前包含有"雨果不失为中国人民的伟大朋友"的这篇短文。两篇文章的作者是同一个人，但是他们之间没有任何交流。撰写前一篇文章说"雨果不失为中国人民的伟大朋友"时，我是个刚刚大学毕业的学生，一时激动，欣然命笔，庆幸自己有机会在报刊发表一篇文字，而且是有关雨果的文字。40年后，我即将走完大学教师一生的教育生涯，有机会促成和主持一次国际学术活动，把自己的雨果研究成果整理成一篇提纲挈领的文字。1962年，我准备走上学术研究的道路；2002年，我即将走下讲坛。不同的年龄，不同的心情，不同的境遇。

但是，1962年的短文很像是一个起点，2002年的长文几乎是一个终点。今天回顾这两个年代，重看这两篇文章，这才发现，两篇文章里有一句几乎相同的话："雨果不失为中国人民的伟大朋友"和"雨果是中国人民的伟大朋友"。这是意料之外的不谋而合，又是情理之中的不谋而合。这40年来，我在研究，我在探索，研究的自然结果，探索的自然结果，仅仅是拿走了两个字，将"不失为"改成了"是"。40年前，我从"雨果不失为中国人民的伟大朋友"这个起点出发；40年后，我来到的终点是"雨果是中国人民的伟大朋友"。对，40年的探索，是从40年前的一句话里删去两个字。40年前，我在文中不经意地写下一句感激的话；40年后，我下笔前头脑里立起一句路标式的结论，成为这篇长文的标题。感谢《中华读书报》，把"雨果是中国人民的伟大朋友"这个标题印成醒豁的红字。

2002年的《雨果是中国人民的伟大朋友》发表后，似乎仅仅引起了个别学者的兴趣。我的印象里这篇文章仅仅是发表而已，在学术界并没有引起关注，在读书界也没有产生共鸣。

2010年，圆明园劫难150周年。150周年是大周年。我围绕雨果的《致巴特勒上尉的信》，整理一生40多年的探求和寻觅，发现雨果的这封信在历史上居然"查无此信"，收件人巴特勒上尉在历史上居然"查无此人"，最后写成《雨果和圆明园》一书。书稿处处碰壁，几乎是在最后一分钟才被中华书局接受出版。2010年，我为《人民日报》的读者写了一篇短文，介绍《雨果和圆明园》。这便是《请记住雨果的"我抗议"》。雨果对圆明园的被毁，喊出响亮的"我抗议"三字。我是雨果信的译者，我自己首先记住了这掷地有声的三个字。我发现的"查无此信"和"查无此人"，可以是学者之间讨论的学术题目，而"我抗议"才是雨果留给历史的响亮回答，应该是公众记住的雨果思想。2001年经全国中小学教材审定委员会初审通过的语文八年级上册教材，2018年经教育部审定的语文九年级上册义务教育教科书，都选用雨果的这封《致巴特勒上尉的信》。中国学生在初中阶段便会知道雨果的名字，读到雨果为中国人民仗义执言的文章。雨果可以笑慰于九泉之下了。

  2018年3月24日，法国滨海塞纳省维勒基埃（Villequier）的雨果纪念馆举办"雨果和中国文化"（Victor Hugo et la culture chinoise）展览。这大概是全世界第一个以"雨果和中国文化"为主题的展览。我是雨果《致巴特勒上尉的信》的中文译者，也是这次展览唯一的特邀嘉宾。滨海塞纳省希望我为展览开幕式做一件好事，这也使我感到意外。法国朋友请我在展览开幕式上全文朗读由我自己翻译并在《人民日报》发表的雨果信的中译文。这次展览使用的副题，竟然就是1982年《人民日报》刊登雨果信译文时编辑部附加的标题"文明与野蛮"。滨海塞纳省的官员对我说，法国人对雨果信中涉及的这段历史并不熟悉。滨海塞纳省还感谢我历年来为雨果纪念馆和本次展览做出的贡献，省长帕斯卡尔·马丁（Pascal Martin）先生授予我滨海塞纳省的勋章，并致热情的授奖词。

  我回国后，感到需要在新的形势下，就"雨果和中国文化"写一篇新的小结性文字。我在2002年《雨果是中国人民的伟大朋友》的基础上，增加了最近15年来新的资料和新的思考。我深信："雨果终生怀有一个深深的中国情结。《致巴特勒上尉的信》是雨果中国情结的美丽绽放，是雨果中国情结的盛大喷发。中国文化为雨果的名字自豪。"有越来越多的事实让我相信："雨果对中国怀有的爱，是我们两国人民的共同财富。中国人民和法国人民，我们应该继承维克多·雨果的有关文学作品和艺术作品这一笔财富，永远珍藏我们两国人民共同拥有的这笔财富。"

  《中国文化为雨果的名字自豪》是《雨果是中国人民的伟大朋友》的深化。我认为，"雨果是中国人民的伟大朋友"不仅仅是一个教师的个人判断，而且有越来越多的史料可以佐证这个结论。以后的工作，可以是从深度上和广度上去拓展这个结论。

  2019年是古巴首都哈瓦那建城500周年。法国古巴友好协会决定在哈

雨果与中国

瓦那举办一次全球性的雨果学术研讨会,主题是"雨果是和平的预言家"(Victor Hugo, visionnaire de paix)。除法国派出代表团外,世界各大洲都有一名代表出席。这次大会的主持者普香(Gérard Pouchain)先生和我是多年的至交,代表亚洲的名额便落在我的头上。他们认为我对雨果和中国文化的主题比较熟悉,建议我的论文写这个题目。

我完成并提交哈瓦那雨果学术研讨会的论文,题目是《雨果是中国人民受苦受难时的捍卫者》(Victor Hugo défenseur du peuple chinois opprimé et humilié)。2002 年的《雨果是中国人民的伟大朋友》已经以《致巴特勒上尉的信》为核心,介绍了雨果一生政治上、文学上和艺术上的中国情结。2018 年的《中国文化为雨果的名字自豪》和 2019 年的《雨果是中国人民受苦受难时的捍卫者》,则介绍了我在根西岛雨果流亡故居"高城居"(Hauteville House)的考察和发现[主要介绍雨果 1863 年为情人朱丽叶·德鲁埃装修"高城仙境"(Hauteville-Fairy)和今天巴黎雨果故居的"中国客厅"(Salon chinois)]。法国索邦大学的弗洛朗丝·诺格莱特(Florence Naugrette)教授领导的专家小组开始整理和转写雨果情人朱丽叶留下的 22000 封日记式情书。近几年来,我们没有发现更多新的雨果资料,但是,朱丽叶在高城仙境建成前后写下的日复一日的情书里有不少宝贵的第一手资料。今天,说高城居是雨果的"一件作品",这是就高城居的装修工程而言,高城居的每一间厅室里都有中国艺术品,在艺术方面,雨果主要是中国文化艺术的仰慕者和中国艺术品的收藏家。朱丽叶的日记让我们看到,雨果这座为其建造的高城仙境,竟然是一座不折不扣的"中国仙境",这座"中国仙境"是中国风格一统天下,而雨果是"中国仙境"的设计师和建筑师,在高城仙境里,雨果拥抱中国艺术,雨果和中国艺术合二而一,创造出别具一格的具有雨果特色的造型艺术作品。

时至 2019 年年底,可惜在高城仙境修建的这一年时间(1863 年 6 月至 1864 年 6 月)里所写的原信手稿目前仅仅转写了三分之一。我们希望,余下的三分之二的信中,会透露更多雨果和中国文化有关的信息。

哈瓦那的国际雨果学术研讨会结束 1 个月后,新冠肺炎疫情暴发。2020 年,我已经 83 周岁。这正是雨果的生命周期。其实,雨果 78 岁时已经搁笔,此后到逝世前发表的作品,只是积存的旧作。从 1962 年起,我关注并孜孜求索的"雨果和中国文化"的关系研究,也已经进入第 58 个年头。我从初出茅庐的青年学子,变成年老力衰的耄耋老人。从 2002 年发表《雨果是中国人民的伟大朋友》,至 2020 年也已整整 18 年。尤其是,从

前 言

2010年出版《雨果和圆明园》以来，这10年间，我跨越作家雨果和诗人雨果的中国情结，进入画家雨果的中国题材画创作研究，不无发现，不无收获。

《雨果和圆明园》主要是作家雨果和中国文化研究的记录，而画家雨果和中国文化的研究，需要整理和总结。2020年10月起，我先后写成两篇文章：3万字的长文《雨果为中国做了两件事》和5000字的《雨果画中国》。《雨果画中国》是《雨果为中国做了两件事》的概要。

这最近10年的工作，可以说正是对"雨果是中国人民的伟大朋友"这个主题在广度上和深度上的拓展。学海无边，人生有涯。谨以《雨果为中国做了两件事》一文告别雨果，告别"雨果和中国文化"的关系研究。当然，已经发表的研究文字、已经完成的零星成果，需要整理，可以结集。此类工作估计也需要很长一段时间才能完成。

回顾2002年的《雨果是中国人民的伟大朋友》发表至今的这段时间，我好不糊涂地犯了一个知识性错误。《雨果是中国人民的伟大朋友》文中提到：

另一件有趣的事情，是雨果八十三岁生日的时候，这是雨果生前最后一次寿诞，收到各国和各界人士的许多贺词。其中，也有中国人的祝贺。在《吉尔·布拉斯报》(*Gil Blas*)搜集到的各国贺词中，有一位叫"林忠正"的中国人写的贺词：

> 谨贺
> 神翁八十四寿筭
> 辱儿 林忠正

我们不知道这位林忠正是何许人也，但他当时应该在法国巴黎。"筭"是"算"，"寿筭"是"高寿"的意思。……我们注意到，林忠正对雨果的年龄是算虚岁的。林忠正是否当面向雨果祝贺，还是应邀送上书面贺词，我们也不得而知。

2000年6月13日，我在巴黎雨果故居的图书馆里，发掘到1885年法国《吉尔·布拉斯报》的一页图片，上有林忠正给雨果83岁诞辰的贺词。当时看到这14个字的贺词，如获至宝，简直喜出望外。这则材料不仅被收录入2002年的《雨果是中国人民的伟大朋友》一文，也被写进2016年出版的《雨果十八讲》（浙江大学出版社）一书。

我于2000年第一眼看到"林忠正"的名字，就确信无疑这是一个中国文人，姓林名忠正。贺词写得典雅简洁，毛笔字的书法娴熟老练。咨询一些古文字专家，一致认为这是一个"熟悉古代典籍的饱学之士"。

我错了，错得意外。原来，这位"林忠正"竟然是一个日本人，这是广州农讲所吴石坚先生的发现。我得知这个真相后，久久不敢相信。天下学问之大，岂能凭一己之力沾沾自喜地想当然？

林忠正（1853—1906），日本艺术品商人。他把日本的浮世绘介绍到法国，把法国的印象派介绍到日本。1885年，林忠正32岁，在巴黎用汉字给雨果献上这份贺词。

事后，我又查阅2000年6月13日的个人笔记。果然，在雨果故居图书馆发现的这则材料，取自日本1996年举办的"雨果的世纪"展览的一册展品目录。

程曾厚　识于中山大学
2021年2月28日

目 录

额尔金、圆明园与帕特农神庙 ………………………………………… 1

雨果是中国人民的伟大朋友 ……………………………………………… 4

请记住雨果的"我抗议" ………………………………………………… 20

巴特勒上尉是谁?
　　——论雨果关于圆明园的一封信 ………………………………… 27

中国文化为雨果的名字自豪 ……………………………………………… 40

雨果是中国人民受苦受难时的捍卫者 ………………………………… 61

雨果为中国做了两件事 …………………………………………………… 83

雨果画中国 ………………………………………………………………… 135

附录一　法国驻广州总领事章泰年（Jean-Raphaël Peytregnet）先生
　　　　在程曾厚教授授勋仪式上的讲话 ……………………………… 144

附录二　法国滨海塞纳省省长帕斯卡尔·马丁（Pascal Martin）的
　　　　颁奖词 ……………………………………………………………… 146

附录三　古巴哈瓦那"雨果之家"对程曾厚的采访 ……………………… 150

附录四　雨果与中国
　　　　——程曾厚教授学术访谈 ………………………………………… 158

额尔金、圆明园与帕特农神庙*

3月29日的《光明日报》刊载了法国作家雨果于1861年写的抗议英法联军焚毁圆明园的信件（《关于军事远征中国事致巴特莱大尉》）。译文是由程代熙同志从俄文转译过来的。这封信有助于读者认识雨果在19世纪70年代初的思想情况；说明了作为法国浪漫主义运动泰斗的一代诗翁对中国人民反帝斗争的热诚同情，以及他对中国光辉灿烂的文化艺术传统给予的高度评价。雨果不失为中国人民的伟大朋友。

雨果在信中提到英法联军劫盗圆明园时说："这一切所作所为，均出自额尔金①之名。"程代熙同志在注释中说："雨果信里提到的额尔金，是英国人，也是这次侵华的头目之一，烧毁圆明园的命令就是他下的。"对照了原文一读，仔细琢磨之余，感到雨果在信中提及这个名字，应该还寓有更深刻的意义。读一读译文就知道，雨果把圆明园看作东方艺术的代表，而视帕特农神庙为西方艺术的典型，并把帕特农神庙所遭到的掠夺比之于英法联军给圆明园带来的浩劫，由此证明一向以文明自居的英法帝国主义之凶残和野蛮。但是，雨果为什么要揪出额尔金呢？额尔金是何许人也？为什么一提到这个名字，就不禁使雨果想起帕特农神庙遭受浩劫的事呢？

据我所知，参与1860年第二次鸦片战争的额尔金应是詹姆士·勃鲁司·额尔金（James Bruce Elgin，1814—1863），1842年任牙买加总督，1846年任加拿大总督；因侵略有功，1857年初次被派来中国，指挥了占领广州的战事，并逼订1858年的《天津条约》。1860年复来中国，任英法联军之全权公使。占领北京后，下令劫毁了圆明园。1862年调升印度总督，1863年死于印度。这个侵略头子有个"大名鼎鼎"的强盗父亲，就是托马斯·勃鲁司·额尔金（Thomas Bruce Elgin，1760年生于苏格兰，1841年死于巴黎）。雨果信中说的帕特农神庙被劫就是他一手干的"好事"。19世纪初，他以外交官的身份偷盗

---

* 本文原发表于1962年8月4日《文汇报》第3版，收入本书时略有改动。"帕特农神庙"，也译作"巴特农神庙"或"帕台农神庙"。

① 1962年的原文把"Elgin"译成"艾尔琴"，有误。

了大批珍贵的雅典帕特农神庙的大理石像，为了盗取某些雕像，甚至不惜毁坏完整的部分。其赃物一部分在启运英国途中因船只失事，"石沉大海"，剩余部分想当作私产占为己有。这卑鄙的窃盗行为引起了欧洲进步人士的普遍愤慨，英国诗人拜伦在长诗《查尔德·哈洛德游记》中就斥责过这位海盗外交官。额尔金由此声名狼藉，因慑于舆论的压力，不得已将所余赃物于1816年卖给英国政府，存大英博物馆。但是，把这些稀世珍品千里迢迢地从希腊盗至英国，放在额尔金家里抑或收藏在大英博物馆，又有什么本质的区别呢？

很显然，雨果是熟知这一对强盗父子的历史的。帕特农神庙和圆明园先后遭到该父子的毒手，"有其父，必有其子"，额尔金一门堪称"强盗世家"。雨果在信中提到额尔金之名，既符合客观的历史实际，又寓有深远的象征意义。

雨果这封信主要为谴责英法联军侵略中国而写，由联军公使额尔金而想到距当时只过了半个世纪轰动一时的帕特农神庙的凶手额尔金。比起父亲，儿子更为雨果所不齿。所以信中说："他们把待帕德嫩神殿（即帕特农神庙）的手法搬来对待夏宫（即圆明园），但是这一次作得更是干脆，更是彻底，一扫而光，不留一物。"的确，父亲毁坏并盗走了大批大理石雕刻，但终究还在希腊的土地上留下了神庙的破架子，还是"留有余地"的。儿子却继承了父亲的强盗衣钵，而且变本加厉，从毁灭艺术品的手段和程度来看，这位"贼门虎子"比之父亲有过之而无不及。要是父亲晚死廿年，面对这个"青出于蓝"的儿子恐怕也只能甘拜下风了。但不论是父亲在希腊的强盗行径，还是儿子对中国人民犯下的滔天罪行，这一对宝货都在历史上遗臭万年，却是肯定的。

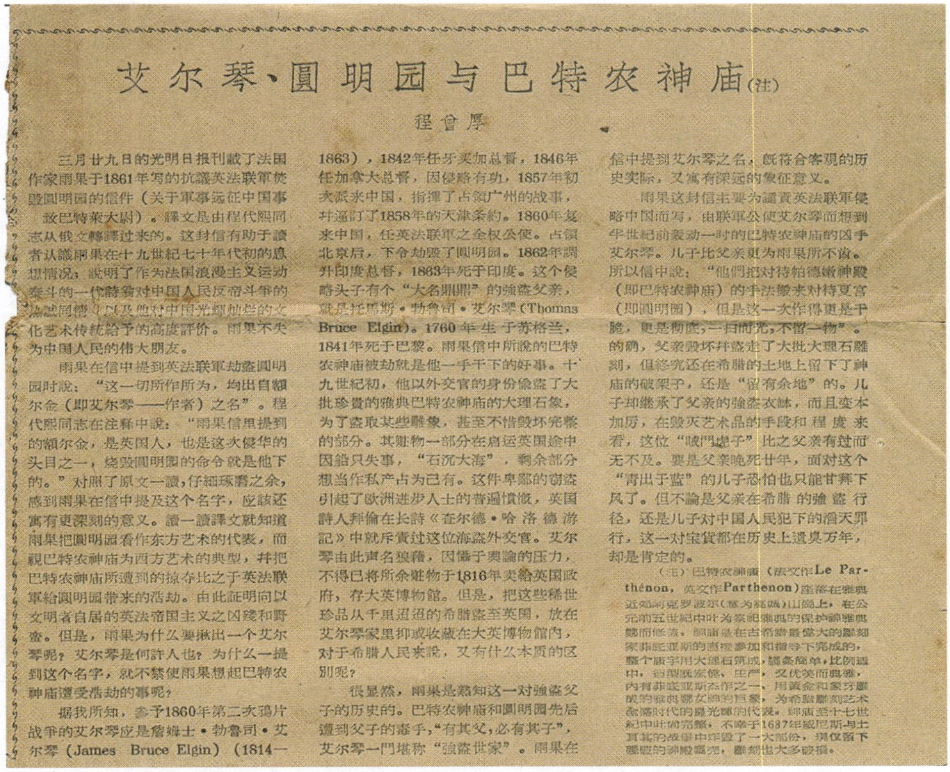

艾尔琴、圓明园与巴特农神庙（注）

程曾厚

三月廿九日的光明日报刊載了法国作家雨果于1861年写的抗議英法联軍焚毁圓明园的信件（关于軍事远征中国事致巴特萊大尉）。譯文是由程代熙同志从俄文轉譯过来的。这封信有助于讀者认識雨果在十九世紀七十年代初的思想情况；說明了作为法国浪漫主义运动奎斗的一代詩翁对中国人民反帝斗爭的熱誠同情，以及他对中国光輝灿烂的文化艺术传統給予的高度評价。雨果不失为中国人民的伟大朋友。

雨果在信中提到英法联軍劫盗圓明园时說：“这一切所作所为，均出自額尔金（即艾尔琴——作者）之名”。程代熙同志在注释中說：“雨果信里提到的額尔金，是英国人，也是这次侵华的头目之一，烧毁圓明园的命令就是他下的。”对照了原文一讀，仔細琢磨之余，感到雨果在信中提及这个名字，应該还寓有更深刻的意义。讀一讀譯文就知道雨果把圓明园看作东方艺术的代表，而視巴特农神庙为西方艺术的典型，并把巴特农神庙所遭到的掠夺比之于英法联軍給圓明园带来的浩劫。由此証明向以文明者自居的英法帝国主义之凶殘和野蛮。但是，雨果为什么要揪出一个艾尔琴呢？艾尔琴是何許人也？为什么一提到这个名字，就不禁使雨果想起巴特农神庙遭受浩劫的事呢？

据我所知，参予1860年第二次鴉片战爭的艾尔琴应是詹姆士·勃魯司·艾尔琴（James Bruce Elgin）（1814—1863），1842年任牙买加总督，1846年任加拿大总督，因侵略有功，1857年初次派来中国，指揮了占領广州的战事，并逼訂了1858年的天津条約。1860年复来中国，任英法联軍之全权公使。占領北京后，下令劫毁了圓明园。1862年調升印度总督，1863年死于印度。这个侵略头子有个“大名鼎鼎”的強盗父亲，就是托馬斯·勃魯司·艾尔琴（Thomas Bruce Elgin）。1760年生于苏格兰，1841年死于巴黎。雨果信中所說的巴特农神庙被劫就是他一手干下的好事。十九世紀初，他以外交官的身份偷盗了大批珍貴的雅典巴特农神庙的大理石像，为了盗取某些雕像，甚至不惜毁坏完整的部分。其贓物一部分在启运英国途中因船只失事，“石沉大海”，剩余部分想当作私产占为己有。这件卑鄙的窃盗引起了欧洲进步人士的普遍憤慨，英国詩人拜倫在长詩《查尔德·哈洛德游記》中就斥責过这位海盗外交官。艾尔琴由此声名狼藉，因慑于輿論的压力，不得已将所余贓物于1816年卖給英国政府，存大英博物館。但是，把这些稀世珍品从千里迢迢的希腊盗至英国，放在艾尔琴家里抑或收藏在大英博物館內，对于希腊人民来說，又有什么本质的区别呢？

很显然，雨果是熟知这一对強盗父子的历史的。巴特农神庙和圓明园先后遭到父子的毒手，“有其父，必有其子”，艾尔琴一門堪称“強盗世家”。雨果在信中提到艾尔琴之名，既符合客观的历史实际，又寓有深远的象征意义。

雨果这封信主要为譴責英法联軍侵略中国而写，由联軍公使艾尔琴而想到半世紀前轰动一时的巴特农神庙的凶手艾尔琴。儿子比父亲更为雨果所不齿。所以信中說：“他們把对待帕德嫩神殿（即巴特农神庙）的手法搬来对待夏宮（即圓明园），但是这一次作得更是干脆，更是彻底，一扫而光，不留一物”。的确，父亲毁坏并盗走了大批大理石雕刻，但終究还在希腊的土地上留下了神庙的破架子，还是“留有余地”的。儿子却继承了父亲的強盗衣缽，而且变本加厉，在毁灭艺术品的手段和程度来看，这位“賊門虎子”比之父亲有过而无不及。要是父亲晚死廿年，面对这个“青出于蓝”的儿子恐怕也只能甘拜下风了。但不論是父亲在希腊的強盗行径，还是儿子对中国人民犯下的滔天罪行，这一对宝貨都在历史上遺臭万年，却是肯定的。

（注）巴特农神庙（法文作Le Parthénon，英文作Parthenon）座落在雅典近郊阿克罗波尔（意为高城）山崗上，在公元前五世紀中叶为祭祀雅典的保护神雅典娜而修造。神庙是在古希腊最偉大的雕刻家菲狄亚斯的直接参加和指导下完成的，整个庙宇用大理石筑成，綫条簡单，比例適中，造型既宏偉、庄严，又优美而典雅，内有菲狄亚斯杰作之一、用黄金和象牙雕成的雅典娜女神的巨象，为希腊雕刻艺术鼎盛时代的最光輝的代表。神庙至十七世紀中叶尚完整，不幸于1687年威尼斯与土耳其的战爭中炸毁了一大部份，現仅留下殘破的神殿躯壳，雕刻也大多破损。

图1　1962年8月4日《文汇报》第3版刊登《艾尔琴、圆明园与巴特农神庙》一文

雨果与中国

雨果是中国人民的伟大朋友[*]

2002年是法国作家雨果的诞辰200周年，法国继1985年雨果逝世100周年后又一次纪念"雨果年"。截至2月初，法国全国已经统计有700多项纪念活动。纪念文字和纪念报道铺天盖地，滚滚而来。2002年1月，北京文艺界率先纪念雨果200周年诞辰，中国新闻网开辟"雨果专题"，由多位中国学者撰文介绍雨果，介绍中国研究和翻译雨果的成就。

与此同时，我们又注意到，至今还没有人提及一个和我们更加直接相关的题目——"雨果和中国"。法国的雨果研究界至今没有在这个问题上下过功夫，我们有理由为此感到遗憾。而中国纪念雨果，没有人提到雨果抗议圆明园被毁的信件，似乎令人难以理解。雨果和中国、中国艺术的关系，至今是外国文学研究，也是历史研究的一点空白。如果外国学者对此无暇顾及，中国学者是没有理由不闻不问的。

图1　2002年4月17日《中华读书报》刊登《雨果是中国人民的伟大朋友》一文

[*] 本文原发表于2002年4月17日《中华读书报》。

雨果是中国人民熟悉和敬仰的法国作家。雨果还是中国人民的伟大朋友。我们要郑重指出，中国读者喜爱的外国作家和中国人民的朋友是两个概念。

法国作家维克多·雨果是中国人民喜爱的作家。《悲惨世界》和《巴黎圣母院》这两部世界文学名著，在中国拥有众多的读者。根据这两部小说改编的电影，在中国也同样拥有广大的观众。但是，即使是中国人民最喜爱、最赞赏和最敬仰的外国作家，也丝毫不等于说他是中国人民的朋友，更不用说是伟大的朋友。我们爱看莎士比亚的戏剧，我们爱读普希金的诗歌，并不意味着他们是我们的朋友。

对中国人民来说，一个我们喜爱的外国作家，又是我们敬仰的伟大朋友，这种情况在历史上应该是绝无仅有的。这个绝无仅有的作家便是雨果。

雨果是小说家。他的长篇小说《笑面人》提到过中国。"中国在发明方面总是跑在我们前面：印刷术、大炮、气球、麻醉药，都是他们先有的。"一个知识渊博的外国作家在自己书中提到中国，是件好事，但并没有令人惊讶的地方。

雨果是诗人。1853年的《惩罚集》中有一首讽刺诗《一个安分守己的老板在家里》。诗前有一段题词："可我却有幸生在中国！我有宅第可以蔽身，我有饭吃，有酒喝，我生活中有种种方便，我有衣穿，我有帽戴，有众多的消遣；说句实话，财大福大，是我的造化！"署名的竟是一个中国人，一个叫"田寄世"（Tien-Ki-Chi）的中国文人。雨果看过"田寄世"的作品！或是听过"田寄世"的讲话！可是，不必高兴。法国的雨果研究家们认为，"田寄世"只是伪托，并无实人。不过，雨果创作时脑子里有中国文人的概念，很值得我们重视。不知道雨果根据什么，才创造出"田寄世"这三个音节来！

幸好，1877年的诗集《祖父乐》里有一首实实在在的中国题材的诗歌——《跌碎的花瓶》。这首30行的诗写雨果家中的女仆不小心打碎一只诗人心爱的中国花瓶，小孙女让娜十分懂事，利用祖父喜欢自己的心理，主动承认错误，保护仆人免受责罚。小诗的起句突兀：

老天哪！整个中国在地上跌得粉碎！

雨果收集中国艺术品，对中国艺术情有独钟：

绝无仅有的花瓶，难得一见的奇迹……

诗人在诗中还写道：

我真喜欢，码头是我买花瓶的地方……

雨果于 1855 年被英国政府逐出泽西岛，10 月迁居根西岛。诗人在小岛上除文学创作以外，单调的日常生活中的乐趣之一，是和情人朱丽叶·德鲁埃（Juliette Drouet）逛旧货店、买古董，尤其是购买中国工艺品。《跌碎的花瓶》中"绝无仅有的花瓶"便是其中之一。雨果身后留下《根西岛手记》六册（*Agendas de Guernesey*，《编年版雨果全集》），记载 1855 年 11 月到 1865 年 4 月的日常生活的流水账，日复一日，详细记述琐细的日常开支，以及身边的日常琐事。这是研究雨果生活和思想的鲜活材料，弥足珍贵。粗略地估算，雨果在不到 10 年的时间里，在岛上几家古董铺子里先后买过 48 次中国艺术品，花费了 3000 多法郎。这 3000 多法郎是个什么概念？当年雨果每次理发的花费，仅仅是半个法郎。1856 年 5 月 16 日，雨果在根西岛购置一座三层楼的高城居，房价为 2.4 万法郎；1864 年 4 月 16 日，雨果为情人朱丽叶买下高城仙境（Hauteville-Fairy）的住宅，房价是 1.4 万多法郎。雨果在这几年购买中国艺术品的钱，近于一幢高城仙境房价的四分之一。仅仅 1860 年 6 月的一个月期间，就有 6 次购买中国工艺品的记载，支出超过 273 法郎 50 生丁：

6 日。中国茶壶。在阿麦尔太太店里买到五只中国盘子和耶路撒冷地图——13 法郎 80 生丁（茶壶 11 法郎 40 生丁）。
11 日。在热纳店里买到两只中国花瓶——87 法郎 50 生丁。
15 日。在尼科尔太太店里买来两只中国花瓶——75 法郎。
16 日。买到一只［中国］箱子——50 法郎。
18 日。买到一对中国花瓶——50 法郎。
30 日。在莱昂斯店里——一只中国茶盘——60 生丁。

我们对雨果搜集中国艺术品感到亲切，我们对雨果着力描写中国花瓶感到高兴。

雨果是画家。雨果的画主要是水墨画。"水墨画"（lavis）不是欧洲画的主流，而是中国画的特色，这又使我们感到亲切。雨果画水墨画经常使用"中国墨"（encre de Chine），雨果的长子夏尔·雨果有一篇回忆性文字《过路人在雨果家里》（1864）："我见过维克多·雨果作画……一旦纸、笔和墨水瓶端上桌子，维克多·雨果便坐下，他这就画起来，事先不勾草图，没有先入为主的想法，运笔异乎寻常地自如，画的不是全图，而是景物的某个细节——他会先画树枝而成森林,先画山墙而成城市,先画风向标而成山墙,一步步,白纸上猛然现出一幅完整的作品,其精细和明晰,如同照相的底片,经化学药品处理,即可现出景物。这样完成后,作画人要来一只杯子,泼下清咖啡,其风景画即告完成。结果便是一幅出人意料的画,雄浑,意境奇肆,总是富有个性,使人依稀想见伦勃朗和皮拉内西的铜版画。"我们看到,雨果作画的风格正是中国国画家的作画风格。而"泼下清咖啡","清咖啡"是黑咖啡,岂不和中国画家的"泼墨"殊途同归?我们看到,雨果很多想象恣肆的水墨画,和中国大写意的山水画,竟如此相似乃尔!今年年初,人民文学出版社出版的"雨果诞辰二百周年纪念版"的《雨果文集》里收有一册《绘画》,接着又有单行本《雨果绘画》问世。这是我国第一次出版雨果的绘画作品。

可惜,我们至今还没有证据表明,雨果曾经和中国绘画有过直接的接触。这样更使我们惊奇:我们只能假设,是雨果的特殊气质和特殊创作环境使他和中国艺术有了惊人的相通之处。这是艺术史上的一个谜。

雨果1869年画了一幅《兴高采烈的中国人》。画中尤其是那条甩得高高的辫子,神采奕奕,真神!

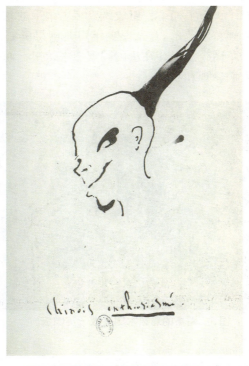

图2　雨果绘的《兴高采烈的中国人》

但是，一幅孤立的《兴高采烈的中国人》和雨果整整一组的"中国题材画"相比，简直不值一提。中国题材画（chinoiseries），包括19幅铅笔画、钢笔画和38幅烙画，共57幅图。这19幅铅笔画、钢笔画和38幅烙画有明显的联系：铅笔画和钢笔画可以看成烙画的草稿或草图。而这38幅烙画，是雨果1864年为情人朱丽叶·德鲁埃在根西岛的居所高城仙境的饭厅亲自设计和制作的。今天，这些烙画陈列在巴黎雨果故居纪念馆的三楼，称作"中国客厅"（Salon chinois）。

中国人如果看到法国人走进巴黎的雨果故居，竟会见到一座中国客厅，必定会既感到感动，也感到骄傲。雨果要耗费多少金钱、时间和精力，才能搜集起这满满一厅的中国艺术品。雨果要对中国艺术具有多少景仰和迷恋，才会有如此的创作热情，画出整整一厅的中国题材画。1863年8月6日，朱丽叶感谢雨果，给雨果写信道："我再说说我对这间神奇卧室的赞美之情，这是一首真正的中国诗。"法国文学史上，法国艺术史上，是诗人雨果画出了这首"真正的中国诗"。我们看到，其中国题材画中诸如《苏姗娜》（见图3、图4）、《在船上打盹的青年》（见图5、图6）和《杂耍少年》（见图7、图8）等的中国味道很浓。尤其是那幅《杂耍少年》，题材、形象和造型都是中国式的，更妙的是少年身后的影子，自上而下，组成维克多·雨果的首字母缩略词。把签名融入绘画，是雨果独特的艺术。《杂耍少年》是雨果醉心中国艺术的最好明证。中国客厅的部分草图今天保存在法国国家图书馆里，而中国客厅陈列在巴黎的雨果故居，供人们参观和欣赏。

图3　雨果的彩绘木刻漆板《苏姗娜》*

---

* 《苏姗娜》画中题"SHU-ZAN"为朱丽叶的厨师苏姗娜的中文化名。

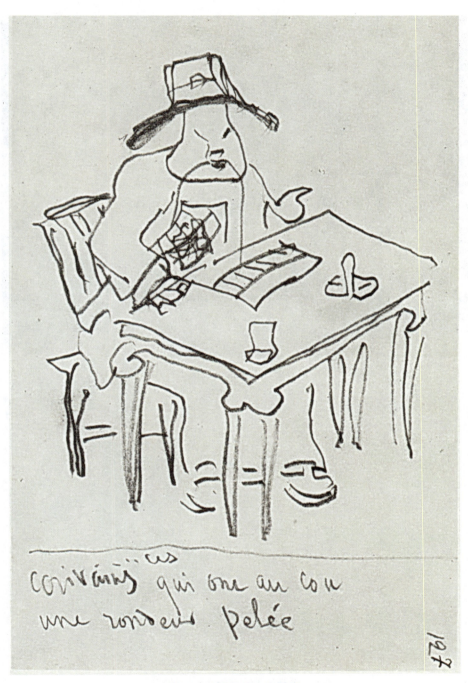

图 4 《苏姗娜》的草图

图 5　雨果的彩绘木刻漆板《在船上打盹的青年》

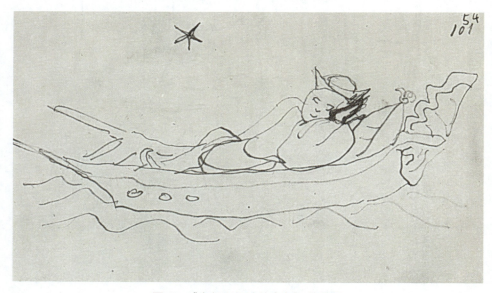

图 6　《在船上打盹的青年》的草图

雨果是中国人民的伟大朋友

图7　雨果的彩绘木刻漆板《杂耍少年》

图 8　《杂耍少年》的草图

中国客厅和中国题材画的事实说明，画家雨果和艺术家雨果比诗人雨果和小说家雨果更好地反映出雨果心中的中国情结。

雨果多次把中国比成一只大花瓶。《跌碎的花瓶》里"绝无仅有的花瓶，难得一见的奇迹"在中国客厅里有很多。这些中国艺术品，是雨果在根西岛的古董店里一件一件买回来的。

这一切表明，雨果是中国艺术的欣赏者和收藏家。中国艺术得到雨果这样的作家的欣赏，中国艺术品为雨果这样的作家收藏，是中外文学艺术交流史上的佳话。但是，欣赏和收藏中国艺术品的人，即使是名家，和中国人民的朋友仍然是不同性质的两回事。

要成为中国人民的朋友，需要有历史的契机。对于19世纪大部分西方作家而言，到中国来一次几乎是不可能的事情。这样，需要有非常特殊的历史契机。这个历史契机出现在1861年。这个契机便是第二次鸦片战争，便是1860年10月的英法联军焚毁圆明园。英法联军焚毁圆明园的罪行，是人类文明史上的空前劫难。我们相信，天底下有正义感的人都会痛心，都会愤慨，都会谴责，都会大声疾呼。遗憾的是，历史并没有为我们留下多少可以见证的文字。所幸的是——这不仅是中国人民之所幸，也是法国人民之所幸，也是世界历史之所幸——有一个例外，有一个难能可贵的例外。在和北京远隔千山万水的英吉利海峡的根西岛上，有一个政治流亡者站立起来，有一个作家站立起来。雨果站在世界文明的高度，握住文明和野蛮的标尺，大义凛然，对圆明园的被毁进行了义正词严的历史总结。雨果痛心，雨果为圆明园的消失感到痛心；雨果愤慨，雨果为东方文明的珍宝被毁而感到愤慨；雨果谴责，雨果谴责英法联军的野蛮行为；雨果大声疾呼，倾情讴歌圆明园在人类文明史上无与伦比的艺术价值。

雨果于1861年11月25日写下《致巴特勒上尉的信》（*Au capitaine Butler*），信中每一个字、每一句话，都说到了中国人民的心坎里。在中国人民受到欺侮，受到屈辱的时候，是雨果支持我们，是雨果声援我们，是雨果代表世界的正义，代表人类的良心，和被侮辱、被损害的中国人民站在一起。是雨果，也只有雨果，是中国人民的朋友。我们今天纪念法国作家雨果，不仅仅是纪念一位为世界文学作出巨大贡献的作家，我们还应该带着感谢和感激的心情，回忆雨果对中国人民的巨大支持，回忆他对中国艺术的热爱，回忆他一生所献身的正义事业。

雨果在信中总结了艺术的两种起源："一是理想，理想产生欧洲艺术；一是幻想，幻想产生东方艺术。圆明园在幻想艺术中的地位，和帕特农神庙在理想艺术中的地位相同。"雨果有一篇题为《趣味》的评论文字，作为《莎士比亚论》的遗作于 1937 年第一次公诸世间。我们有理由相信,《趣味》的成稿时间和《致巴特勒上尉的信》是大致平行的。雨果又一次提出艺术中"理想"和"幻想"的两大原则:"由此产生了两首巨大的诗篇。此地是'太阳神',那儿是'龙'……从这个开始分道扬镳的双重暗影里诞生艺术中的两个世界。这两个世界属于最高的趣味,标志出这最高趣味的两极。这最高趣味的一端有希腊,另一端有中国。"在雨果的艺术观里,最高的趣味有两极,即以"太阳神"为代表的希腊艺术和以"龙"为象征的中国艺术。在《致巴特勒上尉的信》中,希腊艺术的最高境界是帕特农神庙,而东方艺术的最高典范是圆明园。

1903 年,上海《国民日报》以《惨社会》的译名连载雨果《悲惨世界》的部分内容,署为"法国大文豪嚣俄著,中国苏子谷译"。苏子谷即苏曼殊,译文是从英文转译的。1903 年 6 月 15 日,鲁迅(笔名"庚辰")在《浙江潮》第 5 期刊登《哀尘》,是雨果《见闻录》中的一篇文字。原作者署名"嚣俄"。小说《孽海花》的作者曾朴曾翻译雨果的大部分戏剧作品和部分的小说和诗歌,据说最早有《九十三年》的中译本,1913 年连载于上海的《时报》。曾朴是晚清旅法学子陈季同的弟子,他翻译依据的原文应该是法文,但原作者也译为"嚣俄"。1921 年 10 月,翻译家林纾和毛文钟合作,把雨果的《九三年》从英文转译成中文,译名是《双雄义死录》,林纾把雨果的名字译成"预勾"。

其实,早在雨果在世的 1867 年,雨果已经有了自己的第一个中文译名。雨果在 1867 年 5 月 31 日的记事本里写道:"我的中文名字,由泰奥菲尔·戈蒂耶的女儿(茱迪特·戈蒂耶)寄来。"雨果把寄来的自己的中文名字和释义剪下,贴在记事本里(见图 9、图 10)。雨果的第一个中文名字是"夷克邂诩拗"。今天看来,这个中文译名用字冷僻,但以音译音,没有从英文转译的味道。雨果 65 岁的时候,比鲁迅和苏曼殊的雨果译名"嚣俄"早 36 年,比曾朴的雨果译名"嚣俄"早 46 年,比林纾的雨果译名"预勾"早 54 年,已经有了自己完整的中文译名——"夷克邂诩拗"。

雨果是中国人民的伟大朋友

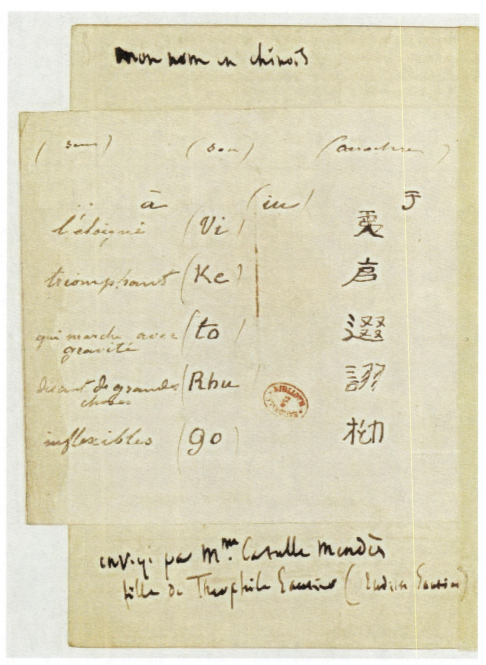

图9　雨果手记里的第一个中译名（法国国家图书馆藏）

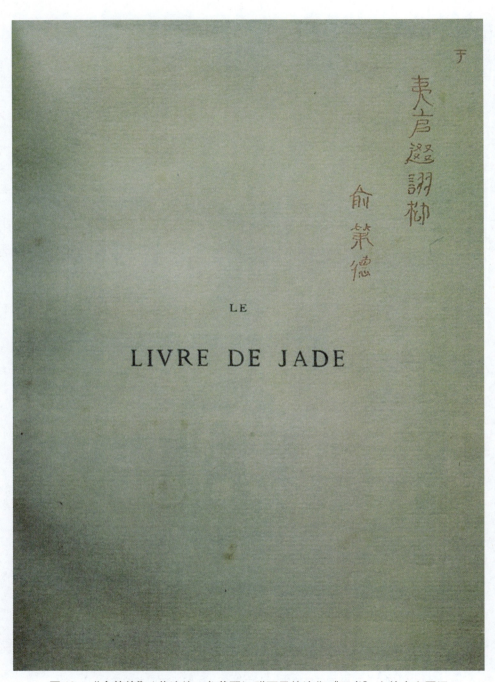

图10 "俞第德"（茱迪特·戈蒂耶）赠雨果的诗集《玉书》上的中文题词

另一件有趣的事情，是雨果八十三岁生日的时候，这是雨果生前最后一次寿诞，收到各国和各界人士的许多贺词。其中，也有中国人的祝贺。在《吉尔·布拉斯报》(Gil Blas)搜集到的各国贺词中，有一位叫"林忠正"的中国人写的贺词：

谨贺

神翁八十四寿筭

辱儿　　林忠正

我们不知道这位林忠正是何许人也，但他当时应该在法国巴黎。"筭"是"算"，"寿筭"是"高寿"的意思。我们曾向一些古汉语专家请教，他们认为仅仅从这14个字的贺词判断，这位林忠正先生是熟悉古代典籍的饱学之士。我们注意到，林忠正对雨果的年龄是算虚岁的。林忠正是否当面向雨果祝贺，还是应邀送上书面贺词，我们也不得而知。我们很想知道，对中国和中国人民怀有如此深厚感情的雨果，生前是否和中国人有过直接的接触？

迄今为止，在雨果的一切传记作品里，在雨果数量巨大的书信里，在让·马森(Jean Massin)主编的《编年版雨果全集》的详尽的几乎日复一日的年表里，都找不到雨果和中国人有直接交往的片言只字。这又是一个谜，一个富有诱惑力、富有挑战性的谜。之所以这又是一个谜，又是一个不得其解的谜，是因为我们找到一首雨果赠一个中国小姑娘的小诗。

雨果的遗著《全琴集》是一部藏龙卧虎的诗集，第7卷第4首的诗题为《中国花瓶》（见图11）。

中国花瓶

——赠中国小姑娘易杭彩（Y-Hang-Tsei）

你，来自茶国的小妹，
你做的梦又奇又美：
天上有座大城崔巍，
中国是天城的城郊。

姑娘，我们巴黎昏暗，
你在寻找，天真烂漫，
你金碧辉煌的花园，
园中孔雀开屏美妙；

你笑看我们的天顶；
有小矮人高高兴兴，
对着你瓷白色眼睛，
把纯洁的蓝花轻描。

1851 年 12 月 1 日

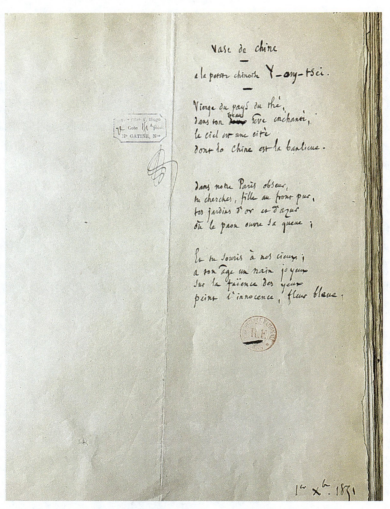

图 11　雨果《中国花瓶》的手稿（今存法国国家图书馆）

这首小诗里有两个惊人的事实。第一，此诗"赠中国小姑娘易杭彩"。赠诗的收受者应当真有其人，"易杭彩"是译音。从诗中内容看，"易杭彩"是个"天真烂漫"的小姑娘。"易杭彩"是谁？怎么会认识雨果？怎么会见到雨果？2000年6月20日，我在巴黎拜访雨果研究家让·戈东夫妇。我和戈东教授谈起"易杭彩"是谁的问题，戈东对此也觉得蹊跷。他认为，"易杭彩"是个孩子，不一定会说法语，雨果是大人，但不会说中文。雨果不可能在大街上遇见会说法文的"易杭彩"。雨果和"易杭彩"的会面，必须通过一个中国人，一个认识雨果的中国人，是这个中国人把"易杭彩"带到雨果家里去的。我们有理由提出许多问题。例如，这个中国人为什么到雨果家里去？难道仅仅为了安排雨果和"易杭彩"的会面吗？更大的问题是，这个中国人又是谁呢？历史没有为我们提供一丝一毫的线索。法国作家雨果第一次和中国人的直接接触发生在1851年12月1日，或是更早的日子。除此之外，我们就一无所知了。第二，小诗写于1851年12月1日。1851年12月1日，这是个什么日子啊？这是1851年12月2日的前夜。1851年12月2日又是个什么日子啊？这是路易－拿破仑·波拿巴这个亲王总统，这个未来的皇帝拿破仑三世发动政变的日子。从此，法国从第二共和国走向第二帝国。从此，雨果开始流亡，成为海外的流亡者，也从此开始了雨果文学创作的新阶段。原来，雨果在其一生政治生命和文学生涯发生重大转折的前一天，是在家里接待一个中国小姑娘和至少一个中国人，是在家里创作一首题为《中国花瓶》的诗。

雨果和中国的缘分很早，很多，也很深。雨果不仅是中国人民喜爱和敬仰的作家，不仅是喜爱和敬仰中国艺术的作家，他还是有中国缘的作家。雨果是中国人民伟大的朋友。

2002年3月28日
于中山大学

雨果与中国

请记住雨果的"我抗议"[*]

1860年10月18日,北京西北郊的圆明园在熊熊燃烧。中国帝王的"万园之园"在英法远征军的一把大火中灰飞烟灭,文明世界为之震惊。历史的公论何在?人类的良心何在?有正义感的人感到沉痛,感到愤慨。遗憾的是,历史没有为我们留下可以见证的文字。所幸的是有一个例外,一个难能可贵的例外。和北京远隔千山万水的英属根西岛上,有个流亡者从大西洋的波涛里挺起身子,高高站立起来,仗义执言,大声谴责,喊出三个响亮的字——"我抗议"。

他就是法国作家雨果。在圆明园被毁一周年的时候,雨果写出《致巴特勒上尉的信》。这封信静悄悄地收录在《言行录》第2卷里,直到1875年出版时才和世人见面。雨果是第一个站出来抗议的人。如果没有他为后世留下的这封信,则会是历史公论的缺失,会是人类良心的缺失。

1984年2月26日,笔者翻译的《致巴特勒上尉的信》在《人民日报》发表(见图1)。因为雨果看到圆明园是"世界奇迹",是"一千零一夜的一千零一个梦",他痛感"世界奇迹"的"消失",提出"两个强盗"的经典比喻,揭示英法两国政府应该承担的历史罪责。这封信是一篇义正词严的檄文。

2000年7月6日,笔者走进巴黎的法国国家图书馆,在手稿部看到《致巴特勒上尉的信》的两页手迹(见图2、图3)。既然雨果的原信已经寄给巴特勒上尉,而原信从未在法国本土出现,这份手迹便是唯一存世的手抄件,弥足珍贵。我们仔细端详两页手稿,激动之余,看到若干疑点。其一,手抄件没有写信日期——"1861年11月25日";其二,手抄件没有写信地点——"高城居";其三,手抄件没有收件人的抬头。这三点不合西俗写信的习惯。还有第四点:手抄件左上角有"待插入"字样。还有第五点:收件人"巴特勒上尉"有姓无名,为后世研究者留下不便。

---

[*] 本文于2010年2月24日发表于《人民日报》。

图1　1984年2月26日《人民日报》发表笔者翻译的雨果《致巴特勒上尉的信》

幻灯片正片之一

幻灯片正片之二

图2　法国国家图书馆为笔者制作的雨果《致巴特勒上尉的信》原件的幻灯片（正片）

我们知道，1861年是雨果创作《悲惨世界》的一年。1845年到1848年，雨果全力扑在这部长篇小说的创作上，历史的进程却打乱了作家的创作计划。12年后的1860年，在海外流亡的雨果重握挥写社会史诗的大笔，又花费两年的时间，重新审读，重新构思，精心修改，着力增补，《悲惨世界》于1862年年初完稿并出版。

1861年11月25日，雨果突然放下《悲惨世界》，写下《致巴特勒上尉的信》。这个巴特勒是谁？谁有如此大的面子、有如此荣幸，能让雨果在百忙之中为他写信？我们由此开始了寻觅巴特勒上尉的曲折而离奇的过程。我们查遍1861年11月25日前雨果的通信记录，读遍雨果几乎逐日记载的手记，查找无果。我们一怔：难道"巴特勒上尉"（capitaine Butler）是子虚乌有？然而却于心不甘，不愿就此罢休。

终于，奇迹出现。令人意外的奇迹。在雨果写成《致巴特勒上尉的信》整整五年之后，1866年10月15日，雨果的手记里冒出"巴特勒"的名字。巴特勒是个军人，由英国政府派来根西岛，军衔只是"中尉"。1867年3月29日，雨果手记记载："巴特勒先生今天肯定出发。"原来，英国的年轻军官巴特勒中尉和他敬仰的法国作家雨果之间，有过一段社交场合的短暂交往。

时至1861年11月25日，雨果生活里并没有一个叫"巴特勒上尉"的人。"巴特勒上尉"或许是一个虚构的收件人。再看写信日期。1861年是雨果一生中无暇他顾、不克分身的一年。《悲惨世界》进入"临产"状态，甚至是已经开始"阵痛"的紧张时刻。法国权威的《编年版雨果全集》告诉我们，雨果在1861年写了两篇作品：《悲惨世界》和《致巴特勒上尉的信》。这可能吗？我们想起雨果的手迹（见图3），可以推断这应该就是雨果的手稿。手稿上没有抬头，没有时间，没有地点，是一篇"待插入"的文字。疑点只是疑点，推论只是推论。

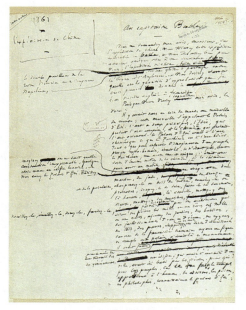 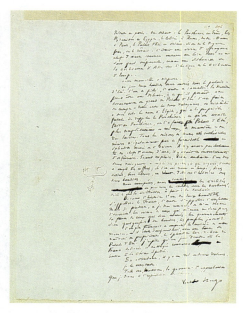

　　原信手稿第 1 页　　　　　　　原信手稿第 2 页
图 3　由正片翻拍成负片，再由负片翻拍成照片的雨果原信手稿

　　最后，我们惊讶地发现，1862 年 1 月 21 日，雨果在致友人的信中说："我在孤独中生活，尤其是两个月来，工作——一件紧迫的工作——要我全神贯注，让我无暇他顾，对外界发生的事情毫不知情。""紧迫的工作"当然是《悲惨世界》的出版。雨果的话清楚表明：1861 年 11 月 25 日前后，他"对外界发生的事情毫不知情"。令人惊愕的事实摆在我们面前："1861 年 11 月 25 日"的写信日期或许是虚构的。

　　1861 年是雨果无暇他顾和不克分身的一年。这样，《致巴特勒上尉的信》在《言行录》里是"插入"的一篇创作。这个结论会出乎法国雨果研究界的意料。感谢法国雨果之友学会副会长普香（Gérard Pouchain）先生（见图 4），是他最早为"巴特勒"查明了身份：威廉·弗朗西斯·巴特勒（William Francis Butler）（1838—1910），1866 年 28 岁时以中尉军衔派来根西岛，实际逗留三个月后换防，离开根西岛。当年的巴特勒中尉以后屡建军功，多有著述，以将军衔退休。

　　我们认为：雨果于 1875 年亲自编定《言行录》第 2 集时，是了却 1861 年因创作《悲惨世界》而留下一个心愿的机会，极有可能给《言行录》"插入"了这篇文字。这样的说法是推测，但并不是没有依据的推测。因为，从作家的

雨果与中国

图4　2008年，法国雨果研究专家普香陪同作者访问雨果的流亡故居高城居

雨果，到社会活动家的雨果，到史诗诗人的雨果，到以伸张正义为己任的雨果，心中一直有一个中国情结。

早在1841年，浪漫主义作家雨果就在其游记《莱茵河》（Le Rhin）的"结论"里，提出英国发动鸦片战争的险恶用心。雨果说："英国在企图毒害、至少是企图催眠中国之后，此时此刻，正在猛力攻打中国。"雨果对中国命运的关注，是从政治上切入的。1860年，英法远征军入侵北京，闯入圆明园。雨果没有写《致巴特勒上尉的信》，但雨果在《见闻录》里留下笔记："欧洲正以大肆劫掠的方式，把文明传入中国。"又说："此时此刻，欧洲正在砸碎中国，这个可怜的大花瓶，早已是满身裂痕了。"又一个"此时此刻"，又一次道出了雨果对中国受到侵略和欺侮的第一时间的反应。雨果1860年的笔记和1841年的立场是一脉相承的。中国的命运始终在雨果的视野内，始终在雨果的心中。

1860年到1865年，雨果在创作文艺评论《莎士比亚论》的同时，展开对中国艺术的思考，提出一些超越时代的意见。雨果写道："由此产生了两首巨大的诗篇。此地是'太阳神'，那儿是'龙'……这两个世界属于最高的趣味，标志出这最高趣味的两极。这最高趣味的一端有希腊，另一端有中国。"我们记得雨果在《致巴特勒上尉的信》中，一再把东方的圆明园和希腊的帕特农神庙相提并论,并列为艺术的"两种起源"。

　　与此同时,雨果在流亡地根西岛悉心搜罗中国艺术品。"悉心"二字,并非夸大。巴黎的雨果故居有一间"中国客厅",这是1863年后他为情人朱丽叶在根西岛的新居高城仙境设计的厅室,摆满了佛像、瓷瓶、陶器等中国艺术品,更有雨果亲自绘制的数十幅中国题材的烙画。我们如果有机会,能走进英属根西岛雨果的流亡寓所"高城居",会在每一间厅室里看到更多、更好的中国艺术品。雨果的卧室里、床头前,有很多中国艺术品。高城居二楼的红厅里,至今张挂着用圆明园丝织品制成的天幔(见图5)。1865年3月23日的雨果手记记载:"买下一大批中国的丝织品,卖主是个参加过远征军的英国军官,东西是他从中国皇帝的圆明园抢来的。"

图5　高城居二楼红厅里用圆明园丝绸制作的天幔

雨果与中国

　　雨果对中国命运的关注、对中国文化的热爱，既有理性的思考，也有感性的认识。雨果终生怀有一个深深的中国情结。《致巴特勒上尉的信》是雨果中国情结的最高、最集中的表述，是雨果中国情结的一次喷发，一次深层次的喷发。

　　1870年，圆明园被毁10年后，雨果在《全民公决》一文中，念念不忘第二帝国"焚毁圆明园"的罪行："联合英国给中国看看欧洲这个文物破坏者的形象，用我们的野蛮行径让野蛮人目瞪口呆，和损毁帕特农神庙的额尔金的儿子合伙焚毁圆明园。"

　　《言行录》不仅是雨果作为政论家的文集，不仅是雨果作为社会活动家的见证，《言行录》告诉我们：欧洲和世界范围内每有争取民族独立的斗争，每有强国欺凌弱小的行为，都会牵动雨果的心，雨果声援，雨果愤怒，雨果大声疾呼。1860年，中国圆明园的被毁，使雨果这颗人类的良心被深深地刺痛，刺得很深，刺得很痛。雨果写下《致巴特勒上尉的信》，不论此信写在何时，都对世界文明史上的这一重大事件，留下了自己的立场，留下了自己的评判。这封信喊出雨果的声音，喊出三个字——"我抗议"。

　　笔者经过长期的探索和研究，已经完成《雨果和圆明园》的书稿。意在告诉人们：2010年，请记住雨果的"我抗议"。

巴特勒上尉是谁？*
—— 论雨果关于圆明园的一封信

2010年10月18日，是北京圆明园被毁的150周年。

1861年11月25日，维克多·雨果从他流亡的根西岛，暂时放下他正全力以赴创作的大笔，从大西洋的波涛里，挺起身子，面向东方，面向大火已经熄灭一年的圆明园，圆明园已是断垣残瓦，一片狼藉。写《悲惨世界》的小说家重又拿起写《惩罚集》的诗笔，写成一篇檄文：《致巴特勒上尉的信》。

《致巴特勒上尉的信》仅仅两页，深藏在洋洋两千页的《言行录》里。这封信，除了写作者本人，除了收件人巴特勒上尉，直到圆明园悲剧过后15年，《言行录》第二卷《流亡中》出版时，才为读者所看到。

雨果在此信的前一半，以抒情诗人的身份，对圆明园做了介绍："圆明园在幻想艺术中的地位，就如同帕特农神庙在理想艺术中的地位……一千零一夜的一千零一个梦……"他兴致勃勃地反复给圆明园下了许多定义。作为讽刺诗人的雨果在文章的下半篇出现。他付诸行动，采取十分鲜明有力的立场："有一天，两个强盗进入了圆明园……对圆明园进行了规模巨大的劫掠，由两个强盗分享。"这位法国诗人不仅是西方世界唯一拍案而起反对英法远征军的著名人士，而且在历史上绝无仅有地大声疾呼："我希望有朝一日，解放了的干干净净的法兰西会把这份赃物归还给被掠夺的中国。"

雨果两次感谢他的通信人：首先，"……多谢你对我的想法予以重视"；其次，"我先要抗议，感谢你给了我抗议的机会"。我们可以由此推论：没有这位巴特勒上尉，没有他的请求，就不会有雨果提出抗议的《致巴特勒上尉

---

* 本文2012年发表于《圆明园学刊》。发表时，文前附有《圆明园》学刊编辑部按语："法国文学史学会"（Société d'Histoire Littéraire de la France）出版的《法国文学史评论》（Revue d'Histoire Littéraire de la France）于2011年12月第4期，发表我国中山大学程曾厚教授的论文《巴特勒上尉是谁？—— 论雨果关于圆明园的一封信》（Qui est le capitaine Butler? —A propos d'une lettre de Victor Hugo sur le Palais d'Eté）。《法国文学史评论》于1900年创刊，至今有112年的历史，这是法国研究法国文学的历史最悠久、也是最权威的刊物。我们请论文的作者程曾厚先生自己将法语论文译成中文，发表于此，供学术界参考。

的信》。

这个巴特勒上尉是谁？一个巴特勒，有姓无名，虽然有军衔，却无从找起。法国和中国的雨果研究人员，要确定他的具体身份，深感为难。笔者于1984年在《人民日报》翻译了雨果的这封信，当时感到应该给巴特勒上尉的身份加一个注解。

迄今两部《雨果全集》，一是让·马森主编的《编年版雨果全集》，一是雅克·塞巴谢和纪·罗萨主编的《雨果全集》，巴特勒的名字很遗憾，都只出现过一次。巴特勒上尉，除了出现在《致巴特勒上尉的信》的标题里，没有留下任何踪迹。这让我们泄气，他的身份无从找起。马森主编的《编年版雨果全集》是有口皆碑的好版本，收录一部《根西岛纪事手册》，由贝尔纳·勒佑直接根据手稿整理成文。这部手册提供了很多雨果在根西岛流亡生活的重要细节。这是一部整整15年逐日写成的"言行录"。

我们的研究要提出两件事情。

首先，我们在《根西岛纪事手册》里，在1861年11月25日之前，即《致巴特勒上尉的信》的写作日期之前，没有找到巴特勒上尉的线索。如果某个巴特勒没有出现在流亡者的生活里，我们可以怀疑其存在，而倾向于假设这是杜撰的人物。

我们在寻觅巴特勒上尉的过程中，并不甘心止于1861年11月25日。我们越过《致巴特勒上尉的信》的日期，大步前走。距写作日期的5年后、1866年年底前，1866年10月15日，巴特勒的名字冒了出来，几乎是个奇迹。

1866 年

15 日（10 月），巴特勒中尉（Lieutenant Butler）来访。

1867 年

11 日（1 月），巴特勒先生来向我告别。他去爱尔兰两个月。

21 日（3 月），巴特勒先生换防，今天上午出发——（出发延期）。

29 日，——巴特勒先生今天肯定出发。"喜马拉雅号"来接六十九团。

5 个半月的时间里，有 11 则纪事提及巴特勒中尉路过根西岛，从他到达到最后离岛。

从中可以得出什么结论呢？

书信里是巴特勒上尉，生活里有个巴特勒中尉。这两个"巴特勒"的共同点是，两人姓氏相同，都是军官；不同点是，书信里是上尉，生活里是中尉。

对，雨果曾多次会晤这个在根西岛驻防的英国军官。他们主要是在社交性质的饭局上见面。第一次来访更多的是礼节性拜访。巴特勒中尉并没有和他敬重的作家有私下的交谈。巴特勒中尉只在生活里与流亡者有过接触而已。这只是一个熟人，谈不上真正意义上的朋友。

从道理上讲，生活里的巴特勒中尉理应早于信件里的巴特勒上尉。而1861年的巴特勒上尉早于1866年的巴特勒中尉是完全不合逻辑的。这两个"巴特勒"的出现是彼此完全矛盾的。如何解释这个情况？途径之一，是知道巴特勒中尉是谁。

法国雨果之友学会副会长热拉尔·普香是研究根西岛的专家。他的贡献是第一个查明巴特勒中尉的身份：威廉·弗兰西斯·巴特勒（1838—1910）。

威廉·巴特勒生于爱尔兰，于1858年在英国第69团开始其军人生涯。1872年，他擢升上尉，出版《孤独的大西部》，这是他描写自己穿越加拿大西部的故事。他于1905年以少将军衔退休。1910年，他72岁逝世时正在写他《自传》的最后一章。

威廉·巴特勒28岁时被派驻根西岛。他当时只是个中尉。我们可以认为：他在根西岛的3个月，仅仅是他军功卓著的戎马生涯里平淡无奇的一个插曲。

我们可以提出第一个假设：直到1861年11月25日，雨果的生活里并不存在一个巴特勒上尉。

其次，1861年是雨果创作《悲惨世界》的一年。《编年版雨果全集》的"同步年表"显示，雨果在1861年的创作并不多产，仅仅写了两篇作品：《悲惨世界》和《致巴特勒上尉的信》。

而从体裁、主题、目标和篇幅上看，我们可以说，无论从哪个角度上看，这是两篇极不相称的作品，极不相称到了极点。不过，马森主编的"编年版"是有学术权威的"全集"。

1861年是写《悲惨世界》的一年，作者全力以赴，从不旁骛。1861年，也是写《致巴特勒上尉的信》的一年吗？我们表示怀疑。

请看"同步年表"上，《悲惨世界》的作者在写《致巴特勒上尉的信》的前前后后。

1860年6月24日

雨果给保尔·默里斯写信："我将竭尽全力，重新扑在《悲惨世界》上。"

1860年7月19日

雨果给默里斯写信:"我完全沉浸在《悲惨世界》里,而这件作品望不到头,会把我带到比我估计更远的地方去。"

1861年6月30日

"今天6月30日,早上八点半……我写完《悲惨世界》。"

雨果给长子夏尔写信:"我还有整整两三个月的工作要做,包括全部有关滑铁卢的内容。重要的是书已经写完,结局已经写好,情节已经收场,剩下的是调整和细节。大厦已经立起来,这儿那儿有的地方,有的柱头要加几刀,滑铁卢的门楼要建起来。"

1861年9月16日

雨果手记:"我重新投入《悲惨世界》(审阅和补充工作)。"——他开始最后一遍重读手稿。

雨果给妻子阿黛尔写信:"我还有满满两个月紧张写《悲惨世界》的工作。写完后,我将在另一部作品里休息。"

1861年10月26日

雨果手记:"我重新读完了《悲惨世界》。"

1861年11月25日

雨果写《致巴特勒上尉的信》(收入《言行录》第二集《流亡中》)

1861年12月5日

雨果把《悲惨世界》第一部分《芳汀》的手稿交给出版商拉克鲁瓦。

1862年1月9日

雨果收到《悲惨世界》的首批清样。他宣告:"我给滑铁卢加的内容写完了。"

1862年3月30日

《悲惨世界》第一部分《芳汀》在比利时出版。

《悲惨世界》的不同创作阶段,可以比作一个婴儿的出生,从怀孕到生产。雨果酝酿一个宏大的构思,给世界产下一个巨婴。我们很难理解一个产妇在临盆之际,会把待产的时间分心给与自己婴儿无关的事情。1861年9月16日,雨果给妻子阿黛尔写信:"我还有满满两个月紧张写《悲惨世界》的工作。"1861年11月25日,在他写《致巴特勒上尉的信》的这天,他已到"临产"的时刻。

我们很想提出第二个假设:雨果事实上不可能对北京圆明园被劫掠写抗议信。我们很高兴得到一个人的支持,此人不是别人,正是雨果自己。

由塞巴谢和罗萨主编的《雨果全集》里,《致巴特勒上尉的信》收录在

"政治卷"里。1861年仅《致巴特勒上尉的信》一篇文字,页码527–528。1862年第一篇文章是《夏尔罗瓦的判刑者》,写于1862年1月21日,页码是529–531。两文首尾相衔接。我们惊讶地读到1862年首篇的开头:"我在孤独中生活,尤其是两个月以来,工作——一件紧迫的工作——要我全神贯注,让我无暇他顾,对外界发生的事情毫不知情。"

从时间上说,1861年9月16日以后两个月,几乎接上1861年11月25日。从时间上说,从1862年1月21日上溯两个月,是1861年11月21日。所以,《致巴特勒上尉的信》的写作日期接近1861年9月16日以后的"满满两个月",而肯定包括在1862年1月21日以前的"两个月"内。

1861年11月25日,对雨果来说,临产的阵痛已经开始,越来越紧迫。雨果自己否定了自己。唉,雨果给《致巴特勒上尉的信》签上1861年11月25日是个疏忽吗?

第一个假设加上第二个假设,我们可以肯定地说:雨果没有在1861年11月25日写《致巴特勒上尉的信》。写信日期是杜撰的。收信人也不是真实的。给我们留下的,只有这篇具有历史意义的文章。

这样的结论,会引出很多的后果。

我们能否接受雨果撰写《言行录》里的一篇文字,如同他诗集里写的许多诗篇?尤其是,他为什么,出于何种需要,要给《言行录》里创作和加上一篇如《致巴特勒上尉的信》这样的文字呢?

《言行录》里的每一篇"言"和"行",都是文献,都依据某个具有政治意义或社会意义的事实,依据总是历史事件写成的文章。作者只需搜集或"言"或"行"的旧文,适当编排,辑成文集。《言行录》的体裁本身,应该遵循排除事后补写的基本原则。

法国读者都知道,雨果有更改抒情诗日期的特殊习惯。给抒情诗签注日期是他特有的艺术,所以,诗后的日期和手稿的日期会不相符合。诗后的日期对诗人具有感情的意义,比手稿的日期,对诗人更加重要。读者都接受这样的解释。可是,对诗篇适用的原则可引用到政论文章吗?《言行录》是收录文献的文集。从体裁上说是如此,从原则上说是如此。不过对雨果而言,并非总是如此。

我们在《言行录》第三卷,1870—1876年,读到一封有关巴黎公社的长信——《致默里斯和瓦克里两位先生的信》,雨果在信前有附言:"下述信件由于众所周知的原因,没有能在公社期间出版,在书中按照信的日期自然有其位置:4月28日于布鲁塞尔。"此信的开头:"亲爱的朋友们:我们正经历一场危机。"结尾是:"最后一句话。不论有哪些事情把我留在布鲁塞尔,不论因为什么，只要你们认为我来巴黎有用，只要向我表示一下，我会马上跑来的。维-雨。"

这封信"按照信的日期自然有其位置"。此信的日期是"4 月 28 日"，即 1871 年 3 月 28 日公社正式宣布成立一个月后，又是"浴血的一周"最后一天 1871 年 5 月 28 日一个月前。我们感到吃惊的是，这只是一篇以书信形式写成的文章，或是一封形式上的书信。这样一封具有重要历史和政治意义的书信竟是"事后"写成的。

玛丽-克莉丝蒂娜·贝洛斯塔是《言行录》第三卷题解和注释的作者。她对此信提供了让我们深感兴趣的说明："此信事后写成，日期未定，当在 7 月 29 日和 9 月 15 日间，收入《言行录》第三卷。此信曾刊于 1872 年 3 月 6 日的《集合报》（有大量自我删节），并预告本集于 3 月 16 日出版。"

维克多·雨果有什么需要改写《言行录》里一篇文献的写作日期？维克多·雨果又一次自己给了我们解释。他在 1871 年 9 月 15 日给保尔·默里斯写道："在我写给你们两位的信中，此信概括了我在巴黎公社期间给你们写过的全部信件，更有所发挥……"先是"概括"，更有"发挥"。雨果大大方方将此信收入《言行录》。他把此信"自然"收入集中。

不仅抒情诗的日期可以和手稿不相一致，而且，至少有一篇雨果《言行录》的散文步《静观集》诗人雨果的后尘。

《致默里斯和瓦克里两位先生的信》是《言行录》的唯一例外吗？我们表示怀疑。现在有《致巴特勒上尉的信》一文，需要给予解释。《致默里斯和瓦克里两位先生的信》中，只有日期是杜撰的，而《致巴特勒上尉的信》甚至收件人也不是真实的。

我们上述两个假设，竟是有根有据的。对此，我们感到很遗憾。上文的说明让我们表明：《言行录》中的《致巴特勒上尉的信》，既非"言"，亦非"行"。

剩下的问题：雨果何时，又是为什么，写《致巴特勒上尉的信》？到目前为止的研究无法确切地回答这个问题。对于第一个问题，我们希望可以提出一些假设；而第二个问题，我们找不到任何离 1860 年悲剧已经远去的时间联系，也没有任何和雨果个人生活有联系的事情。我们只有遗憾。

雨果何时想到要写《致巴特勒上尉的信》？雨果亲自编排的《言行录》第二卷于 1875 年 11 月 8 日出版，这是《致巴特勒上尉的信》写作时间的下限。那上限呢？既然 1861 年 11 月 25 日被证明是伪造的写信日期，我们倾向于上限在 1866 年 10 月 15 日，即巴特勒中尉来到根西岛的日子。我们承认：这个上限可以考虑，但说服力不强。

我们更倾向于认为：雨果此文写于 1875 年。时间在《言行录》第一卷出版的 5 月 1 日和第二卷出版的 11 月 8 日之间。肯定是在这六个月期间，雨果想到增加一篇有关圆明园被毁的文章。随着《言行录》第一卷的问世，开始筹备第二卷（《流亡中》）的工作。他看到 1861 年忙于《悲惨世界》，整整一年没有文章。表面的理由是填补这空白的一年。圆明园始终在他的心上。这是可以了却他对圆明园悲剧采取明确立场的机会，以后再也没有机会了。

1875 年的纪事手册给了我们一些希望。

1875 年

　　10 月 27 日——我今天上午完成《流亡中》一书要写的文字。集子 11 月 1 日周一出来。

　　10 月 31 日——我给《流亡中》签署最后付印。

　　11 月 8 日——《流亡中》一书今天出来。

　　正常情况，《言行录》的准备工作只是搜集旧作，整理分类而已，不存在"要写"的问题。至于《流亡中》，有两篇文字增补：一是"序言"，《流亡是什么？》；二是一篇"事后"写的文字，即《致巴特勒上尉的信》。

　　"《流亡中》一书要写的文字"是否就是指我们的《致巴特勒上尉的信》？不得而知。我们只知道长达 20 页之多的"序言"写于"1875 年 11 月"。

　　《编年版雨果全集》的"同步年表"载：1875 年 11 月 3 日——《流亡是什么？》（《言行录》的《流亡中》的序言）。

　　纯粹出于假设，也是一点希望：雨果的《致巴特勒上尉的信》写成于 1875 年 10 月 27 日。

　　笔者感谢希拉·戈东（Gaudon）夫人，她帮助我看到了保存在法国国家图书馆手稿部里的《致巴特勒上尉的信》。

　　这是手稿，还是一份手抄件？

　　我们仔细看后，发现其有如下特点：

　　文本有多处雨果亲笔的改动，有删除，有增补，我们觉得这是正常情况，未必是明确的特征。

　　第一页没有信函的抬头，开始便是"先生，你征求我的意见……"。这正常吗？最不正常的是：没有写信的地点和日期，这和印刷的文本相反："1861 年 11 月 25 日于高城居。"两者不同说明什么，是否泄露出某些问题？

　　给我们印象更深的，甚至是决定性的，是在左上角，雨果斜写的三个小字"待插入"。我们的理解："待插入"是原本没有此文的地方插入这篇文字。这是作者提醒自己，也是提醒印刷厂。确然，《流亡中》文集准备的时候，1861年原本空无一字。我们有理由相信，这篇文章是有"待插入"，用于填补1861年的空白。

我们料想这是两页手稿，正是《致巴特勒上尉的信》，大致不会有错。这份保存在法国国家图书馆里的手稿，反映雨果对圆明园横遭劫掠的原始真实思想。印刷的文本有过修饰。

至于写《致巴特勒上尉的信》的真实动机，雨果没有留下片言只语，没有丝毫痕迹，可以让我们后辈回答这个问题。

1861年11月25日是个方便的借口。一周年，本来是留下一篇历史性文献的绝佳机会。而雨果错过了这个机会。

岁月悠悠，圆明园逐渐淡出西方公众的视线。而诗人对此始终未能忘怀。

1870年春，拿破仑三世感到有必要再一次得到人民的支持。他要求法国人民投票确认第二帝国。有人询问雨果如何看待这次公决。他回答："反对。"他谴责帝国的罪行，有"牺牲七十万士兵去拆毁塞瓦斯托波尔的破房子，联合英国给中国看看欧洲这个文物破坏者的形象，用我们的野蛮行径让野蛮人目瞪口呆，和损毁帕特农神庙的额尔金的儿子合伙焚毁圆明园……"

引文至此，语调，甚至用词，和《致巴特勒上尉的信》极为相似。是否是此时，是1870年的全民公决，促成雨果决定写一篇谴责文字，让他的谴责传之久远？不得而知。我们在他的手记里看到：

1870年

（4月）30日——我给各报寄出有关"全民公决"的文字。

仅此而已。

我们在想，雨果为了给我们，给历史，留下这篇《致巴特勒上尉的信》，非要有确切的理由，非要有明确的动机，非要有具体的联系吗？他强硬的立场难道不可能是来自他长期的考虑和长期的酝酿？

他的考虑和酝酿，是他身为浪漫主义作家开始就对中国怀有的热爱。看到他在《莱茵河》游记里第一次站在中国一边的立场，确乎令人意外。

《莱茵河》于1842年出版，书后有一篇明显带有政治抱负的"结论"。"结论之四"："英国在企图毒害、至少是企图催眠中国之后，此时此刻正在猛烈攻打中国。"雨果的"结论"于1841年写成，即在英国和中华帝国之间的鸦片战争或称第一次鸦片战争的期间。我们看到法国诗人站在被毒害的中国一边。

第二次鸦片战争爆发,雨果留下若干片言只语,散见各处。《见闻录》:

1860 年
欧洲正在以大肆劫掠的方式,把文明传入中国。
1860 年
此时此刻,欧洲正在砸碎中国。这个可怜的大花瓶,早已是满身裂痕了。

和第一次一样,雨果的同情心和道义感,都在被砸碎的中国一边。这一次他感到更加痛苦。

他对中国的热爱,还有文化和艺术的一面。他直接接触中国艺术品,不晚于 1852 年,这是他在比利时政治流亡的时候。雨果在忠心耿耿的情人朱丽叶陪同下,于 1852 年 3 月 30 日周二,去布鲁塞尔的圣于贝尔商场,看望一个中国茶叶商人钟阿泰的一家。他对看到的多种中国艺术品感兴趣。

他在根西岛流亡时,像是一个搜集中国艺术品的收藏迷。他在根西岛的纪事手册里反复出现购买中国艺术品的记载。

说来出于偶然,他居然买到直接来自圆明园的中国丝绸。

1865 年
(3月)23 日 —— 下雪。给玛丽亚·格林送去肉、面包和木炭。

—— 买下一大批中国的丝织品,卖主是个参加过远征军的英国军官,东西是他从中国皇帝的圆明园抢来的。(15 英镑) 360 (法郎)

中国皇帝的这些丝织品,今天还可以在高城居里看到,在二楼的红厅。

去参观雨果流亡故居的高城居,不会不对故居里大量而又深藏的中国艺术品感到钦佩(参见图1)。

我们不会忘记《跌碎的花瓶》(诗集《祖父乐》):

> 老天哪!整个中国在地上跌得粉碎!
> 这花瓶又白又细,像一滴闪光的水,
> 花瓶上画满花草和虫鸟,妙不可言,
> …………
> 花瓶死了。我非常珍惜这一个花瓶。

1927年6月14日,让·德拉朗德率领一个巴黎市政府代表团,正式访问高城居。他在事后出版的书中,对室内装修提出几乎全面的研究:"雨果在这所英国18世纪的房产里,本能地布置了三种家具风格:哥特式、路易十五式和中国式。"他认为中国艺术在高城居的装修里占有第三的位置。我们完全同意让·德拉朗德的看法。

1864年朱丽叶·德鲁埃搬进"高城仙境",和高城居近在咫尺。雨果亲自投入朱丽叶寝室和客厅的装修工程。这位情人是天生的装修艺术家,以多种中国艺术品,布置成了一间"中国客厅"。1863年8月6日,朱丽叶不无惊叹地感谢雨果:"我再说说我对这间神奇卧室的赞美之情,这是一首真正的中国诗,我们以前的朋友李祖会毫无保留地完完全全赞同的。我感到幸福,我以我爱情的全部力量再说:我对此目眩神迷,我幸福,我感激……"

我们还要说,雨果的爱情梦,正是朱丽叶生活在由他创建的中国客厅里。

图1 雨果流亡故居高城居收藏的龙纹图案的中国花瓶

这一次，维克多·雨果一发不可收拾，中国客厅给了他灵感，让他的艺术天赋继续装扮这首"中国诗"。他为客厅创作了 30 多幅绘色的烙画。1903 年，巴黎的雨果纪念馆开馆时，保尔·默里斯这位雨果的挚友和遗嘱执行人，把高城仙境的中国客厅移植到巴黎孚日广场 6 号的雨果故居。今天，这间中国客厅向游人开放。参观者可以在中国艺术的氛围之中，欣赏维克多·雨果的全部烙画，有一些烙画的签名妙不可言。

高城居和也许还有高城仙境里中国客厅的装修经验，还以理论文字的形式反映和浓缩在《莎士比亚论》的有关附录里，而最后没有收入《莎士比亚论》书中。《莎士比亚论》于 1863 年出版，留下很多没有收入的文字，马森的《编年版雨果全集》列为"《莎士比亚论》未刊稿"，而塞巴谢主编的《雨果全集》称为"1860 年—1865 年哲理散文"。我们注意到有一篇《趣味》。

这至高无上的趣味，如同体现至高无上趣味意义的天才本身，无处不在，把东方一分为二，把高加索的一半当作"理想"的出发点，把西藏的一半当成"幻想"的出发点。由此产生两首巨大的诗篇。此地是"太阳神"，那儿是"龙"……这两个世界属于最高的趣味，标志出这最高趣味的两极。这最高趣味的一端有希腊，另一端有中国。

"理想""幻想"的用词和《致巴特勒上尉的信》里的用词相同，而且更早。雨果在《致巴特勒上尉的信》里说："艺术有两种起源，一是理想，理想产生欧洲艺术，一是幻想，幻想产生东方艺术。"《趣味》不仅早于《致巴特勒上尉的信》，而且还预示了《致巴特勒上尉的信》的第一部分。

至于"龙"，"龙"是中国精神的象征。我们今天发现高城居花园的草丛里有一个龙首（见图 2）。雨果所有的这个龙首是彩陶，本应是中国某地宫殿式屋顶上龙脊的一部分。我们尤其不要忘记，雨果作为艺术家，在中国客厅的烙画里还画有两条龙。

从 1841 年到 1875 年，中国始终吸引着雨果，从一切角度，从政治、文化和艺术的角度吸引他。远方的中国和中国文化艺术，或在他心中熠熠发亮，或在他眼前熊熊燃烧。随着时间的推移，他对中国怀有的热爱，在根西岛化成激情，到 1870 年成为愤怒，而到 1875 年爆发成抗议。《致巴特勒上尉的信》在雨果和中国的关系中始终处于中心地位。《致巴特勒上尉的信》是他对"被砸碎"的中国之爱的最高表述，是他对"被掠夺"的中国之爱的盛大喷发。

难道绝对需要有一个非常具体的原因，有一个非常精确的联系，雨果才在 1875 年，在编撰《言行录》第二卷《流亡中》写下这篇《致巴特勒上尉的信》吗?那是否还有某些情况我们不得而知,至今没有掌握?怎么不会呢?我们阅读马森主编的《编年版雨果全集》的"同步年表"时,我们要说,虽然我们对雨果的一生十分了解,然而仍会有某些我们不得而知的事情给了雨果启发。

图2　高城居花园里的中国陶质大龙头

1860年8月22日

绝无仅有的旧病重犯,雨果参加一次"灵桌"活动。亚洲之灵说:"你等七个月亮,你会看到有大事发生。"

1860年8月23日

英法军队进入天津。

1860年10月18日

中国:西方人入侵并劫掠北京的圆明园。

1860年10月25日

被入侵的中国和侵略者之间签订不平等的《北京条约》。

1861年11月25日

(关于北京圆明园的劫难)《致巴特勒上尉的信》。

(《言行录》第二卷)

笔者没有找到这次"绝无仅有的旧病重犯"的文字记录。"同步年表"是集体完成的。我们有幸摘抄到这些日期,而日期的整体可以具有某种意义,而这是"同步年表"的作者们自己也始料未及的。

后世的人们会如何看待雨果和中国的关系?让-克洛德·菲泽恩在塞巴谢和罗萨主编的《雨果全集》里负责"政治卷"。他在该卷"介绍"中引用雨果的原话:"我在流亡中说的话不是我的话,这只是真理和正义在无限之中永恒而响亮的颤动。良心说话时,是上帝从人的身上走出来。上帝是光明,我只是灯而已。"

雨果借《致巴特勒上尉的信》说话,这是良心在说话,这是真理和正义在永恒地颤动。

雨果与中国

中国文化为雨果的名字自豪*

一

1984年2月26日，雨果182周年诞辰。《人民日报》发表雨果的著名信件《致巴特勒上尉的信》的中译文，编辑部加了一个醒豁的标题——《文明与野蛮》。《致巴特勒上尉的信》在《人民日报》发表，给我们认识雨果打开了新的天地，给我们研究雨果翻开了新的一页。原来是法国作家雨果为中国圆明园的被毁仗义执言，雨果这封信是抗议圆明园被毁的历史文献。《人民日报》在雨果的诞辰，发表雨果声援中国人民的《致巴特勒上尉的信》，是对雨果的尊重，是对雨果的致敬，是对雨果的感恩。

我国八年级上册语文教材，曾收有雨果的这篇《致巴特勒上尉的信》。课文的"编者按"写道："这封信饱含深厚的人道主义精神，愤怒地谴责了侵略者的罪行，表达了对被侵略、被掠夺者的巨大同情，震撼读者心灵。"论及中法两国人民的友谊，不能不提到雨果。提到雨果和中国的关系，不能不提到《致巴特勒上尉的信》。

其实，雨果一生为中国历史、中国文化和中国艺术写下的文字，创作的绘画，总结的思想，有近百篇（幅）。但论内容之重，篇幅之长，思想之全面和完整，都没有超出《致巴特勒上尉的信》。这封信是雨果和中国关系的核心和关键。《致巴特勒上尉的信》是雨果中国情结的美丽绽放，是雨果中国情结的盛大喷发。

二

雨果一生，都在关注遥远东方的中国。

1827年12月5日，法国文学史上有一件大事：25岁的雨果发表法国浪漫

---

* 本文2018年发表于上海明珠美术馆的维克多·雨果展览目录上。

主义的宣言《〈克伦威尔〉序》。不仅如此,未来的浪漫主义领袖雨果已经把目光投向千里、万里之外的中国,在思考中国在人类文明发展史上的地位和作用。雨果写道:"文明如同白昼,文明的曙光从东方升起。文明一点一点醒来,在其亚洲的古老摇篮里施展手脚。文明在世界的一角一手放下中国,中国有象形文字,有火炮和印刷术,仿佛是它未来作品的第一份草稿,仿佛是它今后创作的亘古不变的样品。"雨果的这段文字,见于他 1827 年写的《历史断片》,收录在 1834 年出版的《文哲杂论集》。我们现在知道,雨果很早涉猎有关中国的古代知识,开始收藏中国艺术品和中国家具。雨果在 19 世纪 30 年代初,开始绘画创作,其中一组"东方幻想画",就有中国题材的寺庙和人物。

　　1833 年,雨果的个人生活出现重大变化。1831 年后,雨果和妻子阿黛尔已经分房。1833 年,雨果结识女演员朱丽叶·德鲁埃,开始了长达 50 年的世纪爱情。雨果不仅自己喜爱中国文化,并且启发朱丽叶对中国文化的兴趣。中国文化成为雨果和朱丽叶的共同兴趣,这对情人有了新的共同语言。最后,中国文化成为雨果和朱丽叶爱情生活的一条纽带。朱丽叶一生留下的两万多封情书里,中国和中国艺术是反复出现的主题。

　　雨果首先把中国瓷瓶作为礼物,赠送朱丽叶。1837 年 6 月 23 日,朱丽叶大呼:"太幸福啦!有多美,有多蓝!上面有美丽的树,有漂亮的小屋,有可爱的小兽,有迷人的中国人。"朱丽叶欣喜之余,说:"要对你说我爱你,一句话够了,可是要对你说我爱你爱到什么程度,那我需要一张比中国长城更大的纸。"

　　可以说,雨果身为浪漫主义作家,已经全方位地关注中国文化和中国艺术。雨果的心中已经埋下中国文化的种子,中年以后,尤其是海外流亡期间,在繁忙的社会活动之余,在紧张的文学创作之余,腾出时间,腾出精力,付出金钱,成为一个中国文化的仰慕者和中国艺术的收藏家。早在 1840 年出版的诗集《光影集》有诗句:"瓷花盆上的孔雀张开大大的尾巴,/中国人的梦中有蔚蓝的美丽国家,/这只青花的瓷盆,式样真古怪稀奇。"一份 1852 年的历史档案,政治流亡者雨果在巴黎出售家具的一份清册,显示了雨果流亡前的中国收藏品:丝绸、漆门、瓷器等。

三

　　1842 年,雨果发表美文游记《莱茵河》。1841 年 7 月间,雨果为《莱茵河》写了一篇政治"结论",说:"英国在企图毒害、至少是企图催眠中国之后,此时此刻,正在猛力攻打中国。"1841 年,雨果尚未从政,中国已经进入作家雨果的视野。在雨果笔下，中国是以英国侵略受害者的形象出现的。鸦片战争的本质是"毒害"中国人民。

1860年，雨果有两则笔记。其一："欧洲正以大肆劫掠的方式，把文明传入中国。"其二："此时此刻，欧洲正在砸碎中国。这个可怜的大花瓶，早已是满身裂痕了。"这两则笔记没有确切的日期。但是，雨果笔下的"正以""正在"和"此时此刻"，显示出雨果是对国际时事第一时间的即时反应。雨果经常把中国比成一个"花瓶"，看得出雨果对被砸碎的中国充满了同情和悲哀。这两则笔记和《莱茵河》提及的"鸦片战争"是遥相呼应的，和一年以后《致巴特勒上尉的信》在思想感情上是一脉相承的。中国始终在雨果的心中。雨果一再从政治上切入中国问题。

雨果进一步提出世界文明的两极："这个至高无上的趣味，如同体现趣味的天才，是无所不在的，把东方分成了两部分，高加索的一半是'理想'的出发点，西藏的一半是'幻想'的出发点。由此产生了两首巨大的诗篇。此地是'太阳神'，那儿是'龙'……这两个世界属于最高的趣味，标志出这最高趣味的两极。这最高趣味的一端有希腊，另一端有中国。"（《哲理散文》，1864—1865）。

我们看到，雨果明确提出东方艺术和西方艺术平等而对立的关系。雨果对中国人民的同情，雨果对中华文明的定位，最后都总结在《致巴特勒上尉的信》里："在世界的某个角落，有一个世界奇迹；这个奇迹叫圆明园。艺术有两种起源，一是理想，理想产生欧洲艺术，一是幻想，幻想产生东方艺术。圆明园在幻想艺术中的地位，就如同帕特农神庙在理想艺术中的地位。一个几乎是超人民族的想象力所能产生的成就尽在于此。"

我们说过，《致巴特勒上尉的信》是研究雨果和中国关系的核心。《致巴特勒上尉的信》不是雨果一时的激愤之作，而是雨果对中华文明有全面的认识，站在人类历史和人类文明的高度，抗议英法远征军的野蛮行为。

1851年12月，法国亲王总统发动流血政变。雨果被迫流亡海外，19年的流亡岁月是在英属海岛上度过的。

雨果去海岛流亡之前，先在比利时布鲁塞尔避居。其间，雨果由朱丽叶陪同，访问了一个从中国广州出访欧洲的中国家庭（见图1）。1852年3月10日，雨果和中国茶叶商人钟阿泰（Chung-Ataï）全家面对面相处了一个下午。朱丽叶传世的"布鲁塞尔日记"详细记载了这次访问的全过程。19世纪的法国作家，能会晤从遥远中国来的一个中国家庭：钟阿泰，大太太冼阿合，二太太容阿彩，小姨阿好，女仆。雨果大概是法国作家的唯一。

图1　1852年3月10日，雨果在布鲁塞尔访问的中国家庭

　　流亡岁月对任何流亡者来说都是艰难的。然而，雨果没有被流亡压垮。雨果像巨人一般在流亡中挺起身子，文学上，《惩罚集》《静观集》《悲惨世界》和《历代传说集》等鸿篇巨制滚滚而来，巨人更面向世界，声援世界各国的民族独立运动，成为世界的良心。

　　我们没有想到，雨果在海外的流亡时期，对中国文化的热爱，对中华文明的倾心，出现空前的高潮，开出绚烂的花朵。雨果又一次全方位地，不仅在政治的层面上，也在个人生活的层面上，投入空前的时间、精力和金钱，搜集和收藏中国艺术品，装修自己的住宅高城居，装修朱丽叶的住宅高城仙境。为了高城仙境，雨果创作了一批中国题材画，把自己的中国题材草图，由木匠做成中国题材的彩绘漆板，装饰高城仙境。

　　今天，根西岛的流亡故居高城居，是一座琳琅满目的中国艺术陈列馆。今天，当年根西岛的高城仙境成为巴黎雨果故居的中国客厅，这是一座雨果亲自设计、雨果借鉴中国艺术建成的建筑艺术的大作品。今天，我们看到，雨果一生和中国文化有多方面的联系。这些作品主要是在流亡时期，在文学创作之余，在社会活动之余，静静地，独自一人，或者和朱丽叶一起，一件一件在小岛的古董店里搜集中国古董，一件一件在两处故居的厅室里设计和装修，一件一件绘制和创作完成的。

四

雨果的"中国艺术陈列馆"在流亡故居高城居（见图2）。

1855年10月底，雨果全家来到根西岛，开始长达15年的流亡生活。1856年，雨果在根西岛置业，命名为"高城居"。雨果不仅在高城居生活和创作，而且竭尽全力，彻底改造高城居。诗人是名副其实的室内装修设计师。高城居的每一层楼，每一间厅室，墙上和地面的每一平方厘米，都是雨果的设计，体现出雨果非凡的装修艺术才能。雨果跑遍全岛，搜寻古董和旧家具，把高城居改造成一座心目中的艺术博物馆。高城居不是一般意义上的作家故居，而是雨果的一部作品，一部至今没有完全公之于世、也不为广大读者认识的作品。

图2　雨果在根西岛的流亡故居高城居

我们走进高城居,发现高城居的每一间房间,每一间厅室,还有后花园,都有中国艺术品。一楼的弹子房、壁毯厅、饭厅、工作间和陶瓷廊,二楼的红厅和蓝厅,三楼的橡木厅、畅观楼和卧室,无不在显要的位置有中国艺术品在闪光,在西式家具的旁边展现东方艺术的异国情调。花园里的兰花丛中,端坐着中国的陶制龙头,墙边的中国陶狮在歪着脑袋笑迎来客(图3)。

图3　高城居花园里的广东石湾陶狮

高城居的中国艺术品,以二楼为多。二楼设"红厅"和"蓝厅"。红厅金碧辉煌,陈设的艺术品器形高大,是雨果接待贵宾的客厅。红厅的天花板上有一幅"天幔",棕黄色的丝绸来自圆明园的皇家库房。1865年3月23日,雨果在《根西岛手记》里写道:"买下一大批中国的丝织品,卖主是个参加过远征军的英国军官,东西是他从中国皇帝的圆明园抢来的。"红厅正对面的蓝厅在相同的位置,也有一幅同样的天幔。一个世纪后,圆明园丝绸制作的天幔已经破损严重。不过,这是真正的圆明园文物。雨果在孤岛的流亡岁月里,买到他为之大声疾呼的圆明园文物,并有文字记载。二楼的红厅和蓝厅之间,有一道高大的移动门相隔。红厅一侧,是红门,由四块红漆描金的中国仕女图组成,华丽典雅(见图4)。

图 4　高城居二楼红厅的红门

蓝厅一侧是蓝门，由四块中国人物画组成，格调清新高雅（见图5）。这红门和蓝门是雨果流亡前在巴黎孚日广场故居的旧物，由巴黎运来根西岛高城居。

图5　高城居二楼蓝厅的蓝门

跨过红门，推开蓝门，我们进入蓝厅。蓝厅里有高城居最集中的中国艺术品。整个蓝厅，上下和四周，无处不是中国艺术品。蓝门背面有中式书桌，上供佛像和中国大瓷瓶（见图6）。

图 6　蓝厅的中国文物摆设

蓝厅中央，橡木桌上有一只寿桃形紫铜熏炉，工艺精良，带精致的木座架（见图 7、图 8）。

紫铜熏炉是大仲马从巴黎寄来的礼物。

图 7　蓝厅中央是大仲马从巴黎寄来的中国紫铜熏炉

中国文化为雨果的名字自豪

图 8　制作精美的寿桃形紫铜熏炉

蓝厅的另一件中国艺术品，是螺钿镶嵌的三脚黑色漆桌。这张有松树和孔雀图案的漆桌，漆工工艺精湛（见图9）。但是否是中国艺术品，我们一度犹豫，最后我们在三只脚上看到六只螺钿镶嵌的"蝙蝠"，推断漆桌是中国艺术品。

图9　蓝厅里的黑色螺钿镶嵌漆桌

蓝厅是高城居的中国客厅，是雨果自己家里的中国客厅，至今没有受到国外雨果研究的重视。从二楼走上三楼，向右拐入雨果的卧室（见图10）。雨果每天晚上，回到小小的卧室，竟然四周都是中国艺术品！

图 10　高城居三楼的雨果卧室

简易的沙发床上有中式的竹木枕头，床前一对轻便的中国竹制小茶几（见图 11）。

图 11　雨果床前有一对竹编茶几

右首里一只中式大官箱上,端坐着一对竹雕笔筒(见图12、图13)。

图12　雨果床头有漆木枕头和一对竹雕笔筒

图13　雨果床头的中国描金储物木箱

雨果的卧室里，最令人惊叹的是两幅雨果亲自绘制的木刻彩绘漆板，对面而立。两块木刻彩绘漆板合成一则动人的东方爱情故事。我们经过研究，认为这是一则中国的爱情故事。雨果每天起身，第一眼看到的是中国艺术品；雨果一天结束，最后一眼看到的也是中国艺术品。

综观高城居的中国艺术品，我们注意到：一方面，瓷器的品类多，瓷瓶、瓷碗、瓷盆和瓷人都有，陶器有陶狮，还有陶制龙头；另一方面，中国的民间文化在高城居有很好的体现，这尤其反映在二楼的蓝厅里。寿桃形的紫铜熏炉，螺钿镶嵌的漆桌，蓝厅对外有一扇纱门，居然是一幅中国老寿星图。一楼的挂毯厅门扉上，有中国民间"钟馗嫁妹"的故事（见图14），厅里有中国宫灯（见图15）。

图14　高城居首层挂毯厅的"钟馗嫁妹"帛画

图 15　高城居首层挂毯厅的中国宫灯

我们特别要指出二楼蓝厅里的三处蝙蝠图案。蝙蝠是中国传统文化的重要艺术元素,"蝠"是"福"的谐音。试看,蓝厅正中的紫铜寿桃形熏炉上,趴着两只精致的蝙蝠;蓝厅的玻璃门上有寿星图,老寿星的右上方有一只红色蝙蝠(见图16);而那张螺钿镶嵌漆桌的三只脚,三脚六面,竟是六只螺钿镶嵌的蝙蝠。蓝厅里三处中国蝙蝠,给蓝厅烘托出浓浓的中国文化氛围。

图16 高城居二楼边门的中国寿星图

综观高城居的中国艺术品，我们也要指出：除了圆明园的丝绸，除了紫铜的熏炉，除了花园里的龙头等少数物品，大多数中国瓷器，大多数中国家具，质量平平，多数是"外销货"，19世纪中国艺术品是欧洲当年的时髦和风尚。雨果身居弹丸之地的英属根西岛，经济并不发达。不是雨果缺乏审美的情趣，这是外销货充斥和泛滥的时代，而能运到根西岛古董店的中国古董，极少有上乘之作。

高城居是雨果一生最重要的作家故居。我们走进高城居，才能领略雨果心中满满的中国情结。

五

巴黎孚日广场的雨果故居，是名副其实的"故"居。一是雨果一家居住的年代早，二是雨果一家居住的时间长，从1832年迁入，至1848年离开，从他而立之年到46岁，这是雨果文学创作、家庭生活和社会活动重要的时期。我们走上三楼，这是一座中国客厅。"中国客厅"不是溢美之词，而是雨果1863年在海外的流亡地根西岛，为朱丽叶新居高城仙境亲自设计和布置的卧室和客厅的原物，或者说是复原物。1903年，巴黎市政府成立"雨果故居纪念馆"，第一任馆长保尔·默里斯把根西岛的高城仙境移植到巴黎，把高城仙境的卧室和客厅组合而成今天的中国客厅。

中国客厅的主人，是雨果的情人朱丽叶·德鲁埃。"情人"二字，用之于朱丽叶和雨果的关系，是褒义词。朱丽叶追随雨果在海岛流亡，自始至终，是唯一不离不弃的人。1864年6月，朱丽叶迁入高城街20号，和高城街38号的雨果高城居仅一步之遥，取名"高城仙境"。雨果为高城仙境亲自布置中国艺术风格的装饰。中国客厅是雨果献给朱丽叶的至美至纯的爱情礼物。中国客厅由雨果精心设计，亲自操办，是雨果艺术天赋的展现，是雨果对中国文化情有独钟的反映。

雨果帮助朱丽叶于1864年购置高城仙境，而提前一年，开始为朱丽叶的新家设计、装修和布置。朱丽叶对高城仙境的评价："这是一首真正的中国诗。"高城仙境的装修触发了雨果新的创作热情。雨果不是写诗，不是撰文，而是画画。雨果为朱丽叶的卧室和客厅创作了一组中国题材画，今天留下包括19幅草图、38幅彩绘木刻漆板，共57幅之多。今天，19幅草图保存在法国国家图书馆，而全部彩绘木刻漆板陈列在巴黎雨果故居的中国客厅里。一个外国诗人和作家，在一年左右的时间内，为了一个特定的装修目的，可以说为了讨好心爱的女人，一鼓作气，创作完成50多幅中国题材的绘画作品，前无古人，也许后无来者。

朱丽叶的"这是一首真正的中国诗"指什么？卧室和客厅里有中国瓷器、中国宫灯、中国家具、中国佛像、中国牙雕，还有雨果的中国题材的彩绘木刻漆板。雨果为高城仙境倾注了多少时间，多少精力，多少心血，多少金钱？我们还要说，倾注了多少诗人和画家的理想？

雨果艺术创作的一个特点，是把一件中国艺术品，或一件瓷瓶，或一尊佛像，作为中心，然后创作花卉图案的背景，富有装饰的情趣，组成一个中国艺术的单元。

我们看到，中国客厅的墙上，尤其是天花板上，张挂很多中国的竹丝帘画。一幅画有《封神榜》传奇人物太上老君和二郎神的竹丝帘画，给了雨果灵感，他把太上老君和二郎神的场景画成两幅彩绘漆画。雨果笔下的二郎神也是三只眼睛，手执三尖双刃剑。雨果的一些中国题材画，直接取材于中国的工艺品。

中国客厅和高城居的蓝厅一样，是中国传统文化的某种样品。推开中国客厅的门，门背后是一幅中国的年画"三星高照"图。年画的人物绣像，线条勾勒，布局设色，均属上乘。福禄寿三星有一群童子陪衬，福星头上也有一只红色蝙蝠。年画是中国的文化元素，雨果为福禄寿三星图设计有花卉的木刻边框。

六

雨果在高城居发挥的是装饰的才能，展现的是中国艺术品收藏。继高城居之后，雨果建成了高城仙境。雨果在高城仙境发挥的不仅是装修的才能，而且是艺术创造的才能，展现出来整整一座"仙境"。1864年根西岛上的高城仙境，就是今天巴黎的中国客厅。高城仙境其实就是一座"中国仙境"。

"中国仙境"由一个男人亲手创建，送给他心爱的女人。这个男人就是雨果，这个女人就是陪伴雨果半个世纪的朱丽叶。雨果和朱丽叶的爱情始于1833年，30年后，他们俩对中国文化的仰慕和向往，修成正果，朱丽叶住进了一首"中国诗"，一座"中国仙境"。

朱丽叶在给雨果的情书中一而再、再而三地强调自己的感动。

1863年7月30日，朱丽叶给雨果写道："我爱你。这句渺小的话对我来说，充满天地之间，除此之外，别无其他。要说有，看到你用一切美好的事物装饰我未来的住家，我只有深情和目眩神迷的感激。我要住在这间完全由你建成的卧室里，仿佛雌性的绒鸭住在用她的雄鸭最柔软和最珍贵的羽绒铺成的窝里。我似乎看到你创造的每一个奇迹，都是你的爱情，这使得这间卧室对我加倍地美丽和迷人。"

8月6日朱丽叶在信中写道："……我亲爱的好男人，我得要谢谢你为我的卧室所做的一切美好的东西，这间卧室不仅对人人令人惊叹，对我更像是一座神庙，神圣和令人崇敬，因为有你的思想化为艺术，无所不在……说了这些，总而言之，我再说说我对这间神奇卧室的赞美之情，这是一首真正的中国诗，我们以前的朋友李祖会毫无保留地完完全全赞同的。我感到幸福，我以我爱情的全部力量再说：我对此目眩神迷，我幸福，我感激……"

朱丽叶对雨果的感激不厌其烦。我们也不厌其烦地再举一例。

1863年10月28日，朱丽叶又写道："我的心充满了爱情、景仰、幸福和感激。你真好，你好可爱，我的好亲人，我都无法对你说，这些都是真的，而且言辞不足以表达我感受到的对你高尚善意的敬重。你有一切美好、崇高、神圣的天赋。你是杰出的天才，你是我的好亲亲。我希望每天这样在尘埃和油漆味中上班，不要太累着你，不会让你脑袋发胀。你千辛万苦要让我**美丽**（朱丽叶原信用大写）……就是说让我的屋子美丽，而这又如此成功！再也不会有人看到如此美丽，如此新奇，又如此诗意的东西。就是奥古斯都总督夫人，也远远不如你的这套中国题材的装饰。多么奇妙的奇迹！想到你做成的这一切是为了我！"

将近一年，住在高城街38号的雨果，去高城街20号装修现场，"在尘埃和油漆味中上班"，为了什么？为了建造一座中国艺术的"仙境"。1864年6月，朱丽叶入住高城仙境。如果说中国艺术是高城居装修的主要风格之一，那么高城仙境里中国艺术就是唯一的风格，是中国文化的一统天下。我们知道，此时，《悲惨世界》完稿一年有余；此时，雨果即将出版《莎士比亚论》；此时，雨果正在筹划另一部长篇小说《海上劳工》。

朱丽叶把高城仙境比作"中国诗"，比作"神庙"，还说是"仙女住的宫殿"。但是，和雨果自己对中国文化的评价相比，朱丽叶的用词还是朴素的。我们先看雨果的《致巴特勒上尉的信》。"在世界的某个角落，有一个世界奇迹；这个奇迹叫圆明园……有某种月宫般的建筑物……请又是诗人的建筑师建造一千零一夜的一千零一个梦……"

雨果一再把中国比成天上"月宫般的建筑物"。1851年的小诗《中国花瓶》说："天上有座大城崔巍，／中国是天城的城郊。"女诗人茱迪特·戈蒂耶把新作《龙的王朝》寄赠雨果，雨果在1869年8月4日回复："你身上有东方古老诗意的灵魂，你把东方古老诗意的灵气写进你的书中。去中国，几乎就是去月亮里。你让我们做了这样一次星际旅行。我们心醉神迷地跟着你，而你消失在湛蓝的梦境里。"雨果还有两句诗:"中国是月亮里的一角跌落在地上,／跌在地球上,我说是月亮,不说太阳……。"(遗作《碎石集》)

七

巴黎雨果故居的中国客厅里,雨果创作的彩绘木刻漆板有38幅之多。最精彩的无疑是《杂耍少年》(见本书第11页):一个中国男童,在一张有靠背的凳子上做倒立动作,两腿自然叉开。凳子的影子在地上,构成雨果姓氏的缩写"H",男童叉开的双腿在墙上的影子正好是雨果名字维克多的缩写"V","V"在墙上,"H"在地上,便是雨果姓名的首字母缩略词"VH"。妙不可言的构思。雨果一生所有的中国题材绘画中,这幅图本身就包含了雨果的"签名"。这幅作品非雨果莫属。在研究雨果和中国文化的领域,这幅中国《杂耍少年》的代表性开始被大家接受,成为雨果中国情结的一个象征。

2018年3月24日,法国滨海塞纳省维勒基埃(Villequier)的雨果纪念馆举行"雨果和中国文化"展。维勒基埃的雨果纪念馆(Musée Victor Hugo de Villequier)是法国仅次于巴黎雨果故居的雨果纪念馆,在法国名列第二。

这次以"雨果和中国文化"为主题的展览,全名是"文明与野蛮——雨果和中国文化"。据滨海塞纳省负责这次展览的马拉瓦尔(Isabelle Maraval)夫人介绍,雨果的《致巴特勒上尉的信》涉及法国侵略中国的这段历史,在法国公众当中并不普及。

笔者不久前把自己完成初稿的四卷本《雨果和中国文化》(《雨果一封信在中国的流转》《雨果故居和中国艺术》《枫丹白露城堡里的圆明园文物》和《雨果和中国文化大事记》)赠送维勒基埃的雨果纪念馆。滨海塞纳省省长帕斯卡尔·马丁(Pascal Martin)先生给笔者寄来出席开幕式的邀请信,并希望笔者"帮一个大忙"。帮什么忙?在展览的开幕式上,由法国朋友用法文朗读雨果《致巴特勒上尉的信》的法文原信,而请笔者作为此信中译文的译者,用中文全文朗读雨果声援中国人民的这封《致巴特勒上尉的信》。当年《人民日报》为译文添加的标题《文明与野蛮》,现在也成为法国"雨果和中国文化"展览的标题内容。

我们在"雨果和中国文化"展览开幕式上,见到巴黎中国文化中心和鲁昂孔子学院的代表,我们看到有多位法国著名的雨果研究专家出席,我们更高兴地看到,雨果的直系后代,曾经访问过广州的玄孙女玛丽·雨果(Marie Hugo)带领全家,带领她的弟弟让-巴蒂斯特·雨果(Jean-Baptiste Hugo)和女儿,也出席了开幕式。

维勒基埃雨果纪念馆位于濒临塞纳河的绿油油大草坪上,特意用树枝搭建出"雨果"的中文名字。"雨果和中国文化"展海报用的图片,正是这幅有雨果"签名"的中国《杂耍少年》。雨果泉下有知,可以含笑安息了。

雨果作为19世纪的作家,当然没有机会来中国访问。雨果1843年8月9日写给大女儿的信中说:"我是第一个说西班牙就是一个中国的人。没有人知道我说的西班牙意味着什么。我西班牙来得太少了,又匆匆离别,真感到羞愧。要到此地来,不是几天,而是几个星期,不是几个星期,而是几个月,不是几个月,而是几年。"

雨果的一生,从青年到老年,从政治到文化艺术,雨果用政论文,用诗歌,用绘画,捍卫中国文化,讴歌中国文化,收藏中国艺术品。

法国作家安德烈·莫洛亚在他《雨果传》的"卷首语"中说:"在我一生的岁月里,我不断发现他天才中有一些新的方面。"雨果是法国的民族诗人,是小说家、剧作家、政论家、画家。雨果是人道主义者,是和平的斗士,是世界的良心。雨果的天才里还有"新的方面"吗?

今天,我们发现,雨果是"中国文化"深情的仰慕者。我们有雨果的诗文,我们有雨果的绘画,我们在两处雨果故居有大量雨果室内装修艺术的成果,我们有雨果珍藏的中国艺术品。我们有满厅满屋的实物,可以见证我们的结论。

笔者一生在追寻雨果和中国文化关系的踪迹。1962年,笔者认为:"雨果不失为中国人民的伟大朋友。"(上海《文汇报》,1962年8月26日)2002年,笔者断言:"雨果是中国人民的伟大朋友。"(北京《中华读书报》,2002年4月17日)今天,2018年,我们相信:雨果的名字是中法两国人民的共同财富。中国文化可以为雨果的名字自豪。

雨果是中国人民受苦受难时的捍卫者*

  雨果生前出版三卷《言行录》：1875 年 5 月出版第一卷《流亡前》（1841 年—1851 年）；同年 11 月出版第二卷《流亡中》（1852 年—1870 年）；1876 年 7 月出版第三卷《流亡后》（1870 年—1876 年）。法国拉封出版社的《雨果全集》"政治卷"的"编者按语"说："这三卷这样整理和出版，完整而全面地反映了雨果的政治生活。"这三卷《言行录》的问世，是雨果晚年的一件大事。

  从这三卷《言行录》走出来的雨果，不仅是作家，不仅是诗人，不仅是人道主义者，不仅是反对死刑的斗士，还是一个和平的骑士，是人类良心的代言人。尤其是《言行录》第二卷，赋予雨果一个崇高的形象：世界和平的骑士。2002 年，雨果诞生 200 周年，法国 ADPF 出版社出版一套《雨果在世界的中心》（*Victor Hugo au cœur du monde*），收录 17 组雨果为伸张人类正义、争取世界和平的文献资料。

  全世界哪儿有大国欺凌小国，有宗主国镇压殖民地起义，哪儿就有雨果在声援，有雨果在呐喊，有雨果在抗议。雨果主持正义，声援弱小。雨果是人类的良心。雨果把良心献给了世界的和平。

  从 1861 年到 1870 年，在他大约 60 岁到 70 岁的这 10 年间，在文学创作的同时，雨果的目光越过法国社会秩序的不公，而关注世界秩序的不公。雨果不仅为欧洲的弱小民族大声疾呼，更把目光投向大西洋的彼岸，关注美洲的海地、墨西哥和古巴；雨果更为遥远东方的中国发声，为英法远征军洗劫北京圆明园的恶行喊出响亮的"我抗议"。

  雨果在《言行录》里回复求援者的书信，雨果刊登在报刊上的文章，既是"言"，也是"行"。《致古巴妇女的信》（"Aux femmes de Cuba"）和《声援古巴》（Pour Cuba），形式是"言"，目的是"行"。

  为北京圆明园被毁而写的《致巴特勒上尉的信》（"Au capitaine Butler"），情况有所不同。

---

 * 本文于 2019 年发表于哈瓦那国际雨果学术会议论文集。

中国公众在很长时间内，在让·马森（Jean Massin）主编的《编年版雨果全集》的"同步年表"（tableau synchronique）中，看到雨果在1861年的创作记录。先是雨果的手记："今天［1861年］6月30日早晨8点半……我写完了《悲惨世界》。"① 接着是11月25日的"《致巴特勒上尉的信》"（《言行录》第二卷）②。我们曾经相信，1861年，雨果仅仅创作了两件作品：《悲惨世界》和《致巴特勒上尉的信》。长篇小说的篇幅宏大，而书信的内容仅仅两页。前者是鸿篇巨制的文学经典，后者是掷地有声的历史文献。中国读者对此深感意外，又深为感动。原来雨果写完《悲惨世界》不久，又用书写《悲惨世界》的同一只手和同一支笔，写下了《致巴特勒上尉的信》。

《致巴特勒上尉的信》是一篇让中国人民心头热乎乎的历史文献。

1860年10月18日，北京西北郊的圆明园在熊熊燃烧。中国帝王的"万园之园"在英法远征军的一把大火中灰飞烟灭。文明世界为之震惊。历史的公论何在？人类的良心何在？有正义感的人感到沉痛，感到愤慨。遗憾的是，历史没有为我们留下可以见证的文字。所幸的是：有一个例外，一个难能可贵的例外。和北京远隔千山万水的英属根西岛上，有个流亡者从大西洋的波涛里挺起身子，高高站立起来，仗义执言。雨果热情洋溢地赞美圆明园："请又是诗人的建筑师建造一千零一夜的一千零一个梦。"雨果哀叹"这个奇迹已经消失了。有一天，两个强盗进入了圆明园"。雨果大义凛然地喊出——"我抗议"。

中国人民为有雨果这样的伟大朋友而自豪。

雨果的《致巴特勒上尉的信》不是一时心血来潮的作品，不是出于一时的义愤，愤然命笔。中国圆明园的被毁，雨果感同身受，有切肤之痛。在雨果和中国文化的关系上，《致巴特勒上尉的信》应该是雨果心中中国情结长期积累、酝酿的必然结果。

早在1827年，这是雨果作为浪漫主义旗手写《〈克伦威尔〉序》的年代，雨果写道："文明如同白昼，文明的曙光从东方升起。文明一点一点醒来，在其亚洲的古老摇篮里施展手脚。文明在世界的一角一手放下中国，中国有象形文字，有火炮和印刷术，仿佛是它未来作品的第一份草稿，仿佛是它今后创作的亘古不变的样品。"③ 这是我们知道的雨果对中国最早的认识。

---

① 马森主编：《编年版雨果全集》，卷12，1651页。
② 马森主编：《编年版雨果全集》，卷12，1656页。
③ 《文哲杂论集》（1834），《历史断片》（1827），拉封版《雨果全集》，"评论卷"，《见闻录》，167页。

雨果是中国人民受苦受难时的捍卫者

1841年7月,雨果为《莱茵河游记》增加了一篇"结论"。"结论"与莱茵河不甚相关,而是发挥作者在前后游览莱茵河的三年多时间里,就欧洲乃至全世界的政治形势大发宏论。雨果写道:"英国在企图毒害、至少是企图催眠中国之后,正在猛力攻打中国。"[①] 雨果在游览莱茵河两岸的风光和古迹的同时,一双锐利的眼睛注视着英国的一举一动。这是中国历史上所谓的"第一次鸦片战争"(1840年6月—1842年8月)。雨果看到:古老的中国是英国"毒害"和"猛力攻打"的牺牲品。雨果的眼睛望着莱茵河,雨果的心挂念着遥远的中国。中国战败,英国强加给中国历史上第一个不平等条约——《南京条约》。

14年以后,第二次鸦片战争(1856—1860年)爆发。1860年是古老的中国灾难深重的一年。清王朝腐败无能。是年8月1日,联军在天津港登陆后,于9月21日到达北京郊区八里桥。10月6日晚,法军首先闯入圆明园,开启了中国历史的一场噩梦。《南京条约》之后是《北京条约》。

历史为我们留下雨果对北京沦陷前后的两则哀叹。其一:"英国和法国正以大肆劫掠的方式,把文明传入中国。"[②] 其二:"此时此刻,欧洲正在砸碎中国。这个可怜的大花瓶,早已是满身裂痕了。"[③]

我们不知道当年远东中国的军事消息传到欧洲大西洋中的根西岛,需要多少时间。但是,"此时此刻"加上"正在砸碎中国",是雨果对英法联军入侵北京第一时间的反应,这十个字今天读来是血淋淋的恐怖。我们可以想象:英法联军占领北京,闯入圆明园,雨果为中国的悲剧感到莫大的悲哀。被入侵的中国,被"砸碎"的中国,被压迫的中国,被侮辱的中国,雨果始终记挂着这个中国。1860年的这两则手记和《莱茵河》中有关鸦片战争的感想是遥相呼应的,和1年后的《致巴特勒上尉的信》是一脉相承的。中国始终在雨果的心中。

雨果的《致古巴妇女的信》是对纽约的古巴妇女求援信的回复,雨果的《声援古巴》是对古巴起义领导人请求的响应。而《致巴特勒上尉的信》,我们现在知道,这是雨果的"独白"。当年的中国没有人知道雨果,当年"被掠夺"的中国没有人给雨果写过求援信。这是雨果良心的独白,是人类良心借雨果的嘴发出的呐喊。

2011年10月,在圆明园被毁一个半世纪后,法国文学史学会(Société

---

① 拉封版《雨果全集》,"游记卷",《莱茵河》"结论",389页。
② 拉封版《雨果全集》,"历史卷",《见闻录》,1312页。
③ 拉封版《雨果全集》,"历史卷",《见闻录》,1312页。

d'Histoire Littéraire de la France）的机关刊物《法国文学史评论》（*Revue d'Histoire Littéraire de la France*）刊出笔者的论文《巴特勒上尉是谁？——论雨果关于圆明园的一封信》（"Qui est le capitaine Butler? – A propos d'une lettre de Victor Hugo sur le Palais d'Eté"）。论文对雨果《致巴特勒上尉的信》的写作时间（1861年11月25日）和地点（高城居）提出质疑。笔者经过研究，有小小的发现：《致巴特勒上尉的信》，查无此信；收件人"巴特勒上尉"，查无此人。这是笔者在《雨果和圆明园》（中华书局，2010年）一书中的结论。

这里，可能有人会提出一个问题：既然《致巴特勒上尉的信》查无此信，既然收件人"巴特勒上尉"查无此人，这封意义如此重大的"信"还有意义吗？

这个问题，可以讨论。我们认为：雨果以《致古巴妇女的信》回应古巴的妇女，雨果以《声援古巴》回应古巴的起义领导人，这是雨果作为人道主义者的勇气和责任。雨果没有让古巴人民失望。雨果和古巴人民并肩战斗。而《致巴特勒上尉的信》不是对某个巴特勒上尉的回复，雨果也没有收到来自中国的任何请求。笔者在《雨果和圆明园》一书中说过："中国的圆明园被毁后，历史上留有《致巴特勒上尉的信》一文。如果没有雨果，就没有《致巴特勒上尉的信》这篇文章。如果没有《致巴特勒上尉的信》这篇文章，人类历史会多么苍白，人类良心会缺了一角。雨果说：'我在流亡中说的话不是我的话，这只是真理和正义在无限之中永恒而响亮的颤动。良心说话时，是上帝从人的身上走出来。上帝是光明，我只是灯而已。'①"②

没有任何人要求雨果写《致巴特勒上尉的信》，没有任何人希望雨果对遥远北京圆明园的悲剧表态，表示支持和声援被欺凌、被侮辱的中国人民。这是雨果的良心在发声，是人类的正义在行动。

英法远征军劫掠和焚毁圆明园，深深刺痛雨果的良心，刺得很深，刺得很痛。雨果要借这封《致巴特勒上尉的信》，给世界文明史上一个给他震动、让他难以释怀的重大事件，给世界文明史上的这一重大事件，留下自己的立场，留下自己的评判。我们可以说，没有具体的理由和契机，而良心的不安和愤怒，也许正是最大的理由，也许正是最大的契机。我们无须感谢"巴特勒上尉"，我们只感谢雨果，感谢这颗人类的良心，感谢这颗人类永不泯灭的良心。当然，我们希望有朝一日会找到相关的材料，可以确切回答雨果写信的时间和地点。

---

① 引自 Jean-Claude Fizaine 对《雨果全集》"政治卷"的"介绍"，*Victor Hugo, Œuvres complètes*, "Politique", Robert Laffont, 1985, p. VIII。

② 程曾厚：《雨果和圆明园》，中华书局2010年版，209页。

雨果是中国人民受苦受难时的捍卫者

在1861年11月25日（《致巴特勒上尉的信》的日期）和1875年11月6日（《言行录》第2卷的出版日期，即《致巴特勒上尉的信》公之于世的日期）之间，还有一个不应忘却的事件：拿破仑三世举行"全民公决"。雨果1870年4月27日的回答是："反对。回答就是两个字。这两个字可以写满一本书……联合英国给中国看看欧洲这个文物破坏者的形象，用我们的野蛮行径让野蛮人目瞪口呆，和损毁帕特农神庙的额尔金的儿子合伙焚毁圆明园……"①

综观雨果的一生，雨果有一个中国情结。雨果对中国命运的关注，对中国文化的热爱，既有理性的思考，也有感性的认识。就雨果和中国及中国文化的关系而言，《致巴特勒上尉的信》一文是雨果中国情结的美丽绽放，是雨果中国情结的盛大喷发。

我们简要回顾雨果对中国文化欣赏和赞美的过程。雨果早在流亡前就喜欢和收藏中国艺术品。今天高城居二楼红厅的红门和蓝厅的蓝门，是雨果流亡前巴黎寓所的藏品。1852年6月8日和9日，巴黎拍卖雨果流亡前的家具。拍卖目录上有"瓷器"②字样。我们看到拍卖家具前雨果夫妇间的通信中，雨果要求妻子阿黛儿"不要出售没有用过的料子，尤其是中国金花的丝绸"③，要"撤下两扇大门（中国漆门）"④。中国艺术品在雨果心中占有特殊的地位。

1860年是中国历史上灾难深重的一年。1860年，大概也是雨果在流亡的根西岛购买中国艺术品最多的一年。1865年3月23日，一个小小的奇迹：雨果在高城居竟然买到来自圆明园的一批丝织品："买下一大批中国的丝织品，卖主是个参加远征军的英国军官，东西是他从中国皇帝的圆明园抢来的。（15英镑）360（法郎）。"⑤

雨果为高城居购买的中国艺术品数量之多，给《雨果在高城居》的作者让·德拉朗德（Jean Delalande）印象很深，他提出的结论："在这批18世纪的英式家具中，雨果本能地找到了三种风格——哥特式、路易十五式和中国式——雨果从这三种风格汲取灵感，安排高城居的室内装修。"⑥

德拉朗德在书中又说："至于中国，高城居的每一间厅室都有中国的存

---

① 《雨果文集》，人民文学出版社2002年版，第11卷，"散文"，程曾厚译，414页。
② 见 Maurice Dessemond，*Victor Hugo*，Georges NAEF，mai，2002，Genève，p. 153。
③ 马森主编：《编年版雨果全集》，卷8，1005页。
④ 马森主编：《编年版雨果全集》，卷8，1006页。
⑤ 马森主编：《编年版雨果全集》，卷12，1488页。
⑥ Delalande：《雨果在高城居》（*Victor Hugo à Hauteville House*），Editions Albin Midchel，1947，p. 159。

在：家具，丝绸，陶器，瓷器，木刻板（panneaux gravés），绘画，小雕像……"①

一个浪漫主义作家的流亡故居里有哥特式风格是可以理解的。一个法国作家喜爱路易十五时代的风格也不令人意外。而一个法国作家，地处大西洋的孤岛，远离祖国，远离欧洲大陆，远离天边的古老中国，却在自己的流亡故居高城居里如此热衷中国艺术品，大量搜集、布置中国艺术品，令我们惊讶，令我们惊叹。

让·马森主编的《编年版雨果全集》认为：高城居是"雨果的一部作品"（Une œuvre de Victor Hugo：Hauteville House）。② 笔者深表赞同。

如果说高城居是雨果的"一部作品"，那么，和高城居近在咫尺的高城仙境（Hauteville Fairy）应该也是"一部作品"。

高城街20号的高城仙境从1863年6月29日开始装修，到1864年6月26日启用，前后经历一年左右时间。至今一个半世纪后，屋主几经易手，高城仙境从外观到内部已经面目全非了，而38号的高城居依然故我，是一座博物馆式的作家故居。幸好，雨果的挚友和遗嘱执行人保尔·默里斯（Paul Meurice）具有真知灼见，把高城仙境的内部装饰从根西岛完整地移植到巴黎孚日广场的雨果故居。1903年后，高城仙境以中国客厅（Salon chinois）的面貌和世人见面，为全世界景仰雨果的公众所熟悉。

今天我们可以在雨果故居看到五六张当年高城仙境的老照片（见图1、图2）。可惜当年没有人在根西岛原址参观高城仙境后，为我们留下一本可以和《雨果在高城居》相提并论的《朱丽叶在高城仙境》。

雨果是为朱丽叶购置并装修高城仙境的。雨果花费一年时间，尽心尽力，亲力亲为，为朱丽叶建成高城仙境。这是一个诗人送给情人的仙境，是一个男人送给一个女人的仙境。高城仙境是不是一部作品，是一部怎么样的作品，朱丽叶为我们留下第一手的见证文字：

"我对你在我的新居里安排所有这些美丽、漂亮和可爱的东西有多么心醉，有多么神迷，有多么感动。"③

---

① 德拉朗德：《雨果在高城居》，1947，160页。
② 马森主编：《编年版雨果全集》，卷15，1475页。
③ 马森主编：《编年版雨果全集》，卷12，1316页。

雨果是中国人民受苦受难时的捍卫者

图1 高城仙境的两张客厅老照片

图 2　高城仙境的两张卧室老照片

1863年8月6日："……我亲爱的好男人。我得要谢谢你为我的卧室所做的一切美好的东西，这间卧室不仅对人人令人惊叹，对我更像是一座神庙，神圣和令人崇敬，因为有你的思想化为艺术，无所不在……总而言之，我再说说我对这间神奇卧室的赞美之情，这是一首真正的中国诗……我感到幸福，我以我的爱情的全部力量再说：我对此目眩神迷，我幸福，我感激……"[1]

弗洛朗丝·诺格雷特（Florence Naugrette）教授领导的研究小组在线出版《朱丽叶·德鲁埃给维克多·雨果的信》（*Lettres de Juliette Drouet à Victor Hugo*，publications numériques du CEREdI）。已经整理和转写的朱丽叶书信记载了有关高城仙境建成和装修的过程。

  根西岛，[18] 63年10月23日，星期五，下午2：30
  不过，我先要对你微笑，我要谢谢你为我造了一间女神住的卧室所付出的全部辛劳。我希望我俩的幸福在此地和和美美，不思离开，我俩的生活天长地久，幸福美满，不离不弃，心贴着心，灵魂交融。[2]

  根西岛，[18] 63年10月28日，星期三，傍晚5：00
  你有一切美好、崇高、神圣的天赋。你是杰出的天才，你是我的好亲亲。我希望每天这样在尘埃和油漆味中上班，不要太累着你，不会让你脑袋发痛。你千辛万苦要让我美丽……就是说让我的屋子。而这又如此成功！再也不会有人看到如此美丽，如此新奇，又如此诗意的东西。就是奥古斯都总督夫人本人，也远远不如你的这套中国题材的装饰。多么新奇的奇迹！[3]

  根西岛，[18] 63年11月4日，星期三，上午8：00
  ……这座宫殿更像是为一个年轻的仙女盖的，而不是为一个像我这样的老妇人盖的……从今以后，我把它当成我们爱情的神庙，我此生在庙里可以时刻崇拜你。你是神庙的建筑师，又是神庙里的神。[4]

  根西岛，[18] 63年11月20日，星期五上午，8：00
  可这是多美的家！多美的家!! 多美的家!!! 多美的房间！多美的饭

---

[1] 马森主编：《编年版雨果全集》，卷12，1316-1317页。
[2] Edition des *Lettres de Juliette Drouet à Victor Hugo*, ISSN：2271-8923.
[3] 同上。
[4] 同上。

厅！多美的客厅！我事先就赞美，就感激，都要大声喊了，是我爱情多美的宫殿，是我幸福多美的天堂！多美的一切，一切的多美！我吻你的眼睛，吻你的嘴，吻你的脚，吻你的手和其他。我太喜欢你了。①

这仅仅是朱丽叶对雨果为她装修高城仙境的一部分赞美之辞。在高城仙境建成的这一年时间里，目前还有三分之二的日记尚未译写。我们期待余下的情书转写后会出现朱丽叶更新甚至更多对高城仙境的感想和评价。我们就目前读到的资料已有这样的印象：这座高城仙境，朱丽叶说是"一首真正的中国诗"。这是用中国艺术品建成的"神庙""宫殿"和"天堂"。原来，高城仙境就是中国仙境。我们要说：有朱丽叶生活其中的高城仙境，才是雨果心中完整的中国仙境。

中国艺术是高城居装修的主要风格之一。而在高城仙境，中国艺术是装修风格的全部和唯一。雨果在高城居主要是中国艺术的收藏者，雨果在高城仙境是中国艺术的创作者。

今天，我们走进巴黎雨果故居的中国客厅，会亲眼看见雨果独一无二的艺术创作。我们注意到两方面的内容：其一，雨果从一件中国艺术品出发，一尊中国木雕佛像，或一件中国瓷瓶，放置在中心位置，然后在四周辅以雨果自己的彩绘木刻创作，很多是花卉主题，和中国艺术品组合而成一件崭新的艺术品，雨果还为这件新型的艺术作品签名。雨果不再是中国艺术的收藏者，而是拥抱中国艺术，加上自己的创作，组成一座大型的立体艺术。其二，中国客厅里有很多雨果创作的中国题材的彩绘木刻漆板。2000年6月23日，笔者拜访橘园美术馆（Musée de l'Orangerie）馆长若热尔（Pierre Georgel）先生，他对雨果彩绘木刻的创作灵感可能来自中国工艺品的假设表示赞同。笔者在中国客厅已经找到雨果的三幅彩绘漆板，它们直接取材于中国客厅陈列的两幅竹丝帘画。

雨果《致巴特勒上尉的信》的署名日期是1861年11月25日，比圆明园的悲剧晚一年左右。雨果在文章里写道："今天帝国竟然带着某种物主的天真，把圆明园富丽堂皇的破烂陈列出来。"

我们知道，从北京抢劫来的圆明园文物在巴黎杜伊勒里宫展出后，最后运往枫丹白露城堡的"大馆"（Gros Pavillon）（见图3、图4）。

1863年6月14日，拿破仑三世的妻子、欧也妮皇后（Impératrice Eugénie）用这批圆明园文物建成供私人享用的"欧也妮皇后的中国陈列馆"

---

① Edition des *Lettres de Juliette Drouet à Victor Hugo*，ISSN：2271-8923。

（Musée chinois de l'Impératrice Eugénie）开张。

两周以后，1863年6月29日，雨果在根西岛为朱丽叶开始装修高城仙境，一年后建成一座"中国仙境"。

这些历史日期，各自是独立的，彼此是偶然的。但是，圆明园文物命运的日期，和根西岛中国艺术品的日期，前后也是相差一年。我们希望两者也是独立的，彼此也是偶然的。不过，我们隐隐地感到，高城居出现大量的中国风格，高城仙境建成一首"中国诗"，雨果仿佛负有某种使命感。似乎东方一个古老国家的命运，和西方一颗人类良心的行动，冥冥中有着某种不可分割的联系。

马森版《编年版雨果全集》中有一则1860年8月23日的雨果"手记"："昨天晚上，埃提叶夫人和勒巴勒先生让灵桌说话了。——亚洲之灵。——等七个月亮，你会看到有大事发生……（半夜了，大家至此结束。）"① 读到这里，我们很难拂去心中隐隐升起的某种联系。

图3　枫丹白露城堡陈列圆明园文物的"大馆"

图4　"大馆"前有一对中国的石狮

---

① 马森主编：《编年版雨果全集》，《根西岛手记》，卷12，1340页。

Flambeau et vase en cuivre ciselé et émaillé.

1861年3月9日，巴黎《寰球图片报》刊登的圆明园文物展：五供的花瓶和烛台图片

圆明园五供花瓶局部，瓶身上有"大清乾隆年制"字样

图5 枫丹白露城堡"中国陈列馆"展出的圆明园文物（1）

雨果是中国人民受苦受难时的捍卫者

《寰球图片报》刊登的圆明园
五供之香炉图片

景泰蓝香炉

图6　枫丹白露城堡"中国陈列馆"展出的圆明园文物（2）

雨果与中国

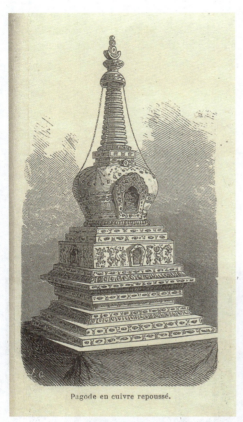

Pagode en cuivre repoussé.

《寰球图片报》刊登的圆明园
鎏金铜佛塔图片

鎏金铜佛塔

图7 枫丹白露城堡"中国陈列馆"展出的圆明园文物（3）

雨果是中国人民受苦受难时的捍卫者

《寰球图片报》刊登的熏炉图片

景泰蓝熏炉

图8　枫丹白露城堡"中国陈列馆"展出的圆明园文物（4）

· 75 ·

雨果与中国

"中国陈列馆"博古架上的圆明园瓷器

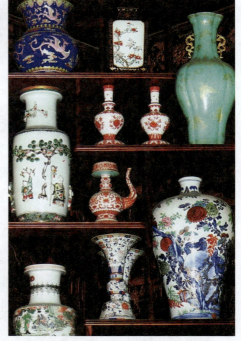

"中国陈列馆"博古架上的圆明园瓷器(放大)

图 9 枫丹白露城堡"中国陈列馆"展出的圆明园文物(5)

图10 枫丹白露城堡"中国陈列馆"展出的圆明园文物（6）：大供桌

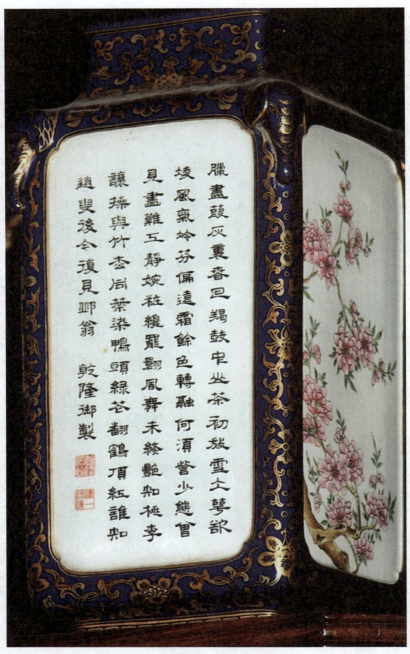

图11 枫丹白露城堡"中国陈列馆"展出的圆明园文物（7）："乾隆御制"开光瓷瓶

雨果是中国人民受苦受难时的捍卫者

图 12　枫丹白露城堡"中国陈列馆"展出的圆明园文物（8）：
景泰蓝麒麟（于 2015 年 5 月 3 日失窃）

图 13　枫丹白露城堡"中国陈列馆"展出的圆明园文物（9）：
用黄金、红珊瑚和绿松石制作的"圜丘"（于 2015 年 5 月 3 日失窃）

我们看到，正是在雨果写下"此时此刻，欧洲正在砸碎中国。这个可怜的大花瓶，早已是满身裂痕了"的1860年，雨果在总结人类艺术发展的时候，对东方艺术给予崇高的评价，提出东方艺术和西方艺术平等而对立的关系："这个至高无上的趣味，如同体现趣味的天才，是无所不在的，把东方分成两部分，高加索的一半是'理想'的出发点，西藏的一半是'幻想'的出发点。由此产生了两首巨大的诗篇。此地是'太阳神'，那儿是'龙'……这两个世界属于最高的趣味，标志出这最高趣味的两极。这最高趣味的一端有希腊，另一端有中国。"①

雨果的思考只是片段，但是，我们相信这个"片段"阐发的对中国艺术的思考，不是雨果一时突发的灵感，而是雨果长期对这个问题思考的结论。我们还发现，雨果的这个"片段"和一年后的《致巴特勒上尉的信》的有关结论是一脉相承的，两者有着惊人的一致性。"艺术有两种起源，一是理想，理想产生欧洲艺术，一是幻想，幻想产生东方艺术。圆明园在幻想艺术中的地位，和帕特农神庙在理想艺术中的地位相同。"②

我们更注意到，雨果在1860年以后，在个人生活的范围内，对中国文化和艺术的兴趣与日俱增，从用大量中国艺术品布置高城居，到独力建成一座让中国艺术大放异彩的高城仙境。雨果抗议圆明园的被毁，抗议英法远征军的野蛮行径，当然是一种政治行为。抗议信中雨果的爱和雨果的恨，都发挥到了极致。事实上，雨果对中国人民深沉的爱，既是理性的，也是感性的；既是政治的，也是艺术的。圆明园的被毁，发生在1860年之后，这是人类"幻想"艺术的毁灭，是中国"龙"的悲剧。雨果站在人类艺术史的高度，评价圆明园这个人类奇迹，哀叹这个人类奇迹的"消失"。雨果把对东方艺术的挚爱，把自己感到的切肤之痛，统统发泄在《致巴特勒上尉的信》中。

雨果有一个比喻中国的细节。代表东方艺术的中国在雨果的诗文中经常是和"月宫"相联系的。

早在1851年，雨果在小诗《中国花瓶》说，"中国是天城的城郊"③。

1869年说，"去中国，几乎就是去月亮里"④。

1878年说，"中国是月亮里的一角跌落在地上"⑤。

---

① 拉封版：《雨果全集》，"评论卷"，572页。
② 《雨果文集》，人民文学出版社2002年版，第11卷，"散文"，360页。
③ 《雨果文集》，人民文学出版社2002年版，第9卷，"诗歌"，936页。
④ 马森主编：《编年版雨果全集》，卷14，1279页。
⑤ 马森主编：《编年版雨果全集》，卷16，388页。

这样，我们对雨果在《致巴特勒上尉的信》反反复复咏唱圆明园的奇迹美——"某种月宫般的建筑物"，感到是一个亲切的比喻。

雨果的良心拥抱世界上的每一个受压迫、受欺侮的民族。

我们都没有忘记，雨果《秋叶集》中的最后一首诗《朋友，最后一句话》：

> 我十分憎恨压迫，憎恨得无以复加。
> 因此，当我一听到酷烈的天宇底下，
> 在被残暴的国王统治的世界一角，
> 有被扼杀的人民正在呼喊和哭叫……
>
> 诗神对被宰割的人民应牢记心中。
> 啊！于是我忘却了爱情、家庭和儿童，
> 忘却健康的情趣，忘却柔和的歌吟，
> 我把青铜的琴弦添加上我的诗琴！①

这是诗人雨果 29 岁时立下的志愿。所以，世界的任何一个角落如果有人民在呻吟，发出呼救的声音，雨果就会奋起响应，大声疾呼。西半球的古巴妇女和革命者向雨果呼吁，雨果立即声援。而远在东方的中国受到西方列强的入侵，圆明园被焚毁后，雨果站立起来，奋笔疾书，写下这篇历史的檄文：《致巴特勒上尉的信》。

在雨果的理想中，世界是一个大家庭，各个民族生活在同一个蓝天之下。而早在 1854 年 6 月 1 日，雨果给路易丝·科莱夫人的信中说："我是蓝天的公民。"②《惩罚集》的作者雨果，身处"黑夜"之中，却发出《光明》的预言。

请倾听雨果的"欢乐颂"：

> 未来的时代！春暖花又开！
> 各国人民都已脱离苦海。
> 走完了沉闷的沙漠茫茫，
> 黄沙过后，会有茸茸青草；
> 大地如同新娘一般美好，

---

① 《雨果文集》，人民文学出版社 2002 年版，第 8 卷，170 页和 172 页。
② 马森主编：《编年版雨果全集》，卷 9，1078 页。

而人类将是定亲的新郎!……

啊!请看正在消逝的黑夜;
这个赢得了解放的世界,
把凯撒和卡佩遗忘干净;
在成年的各个民族上方,
和平张开了巨大的翅膀,
在蔚蓝的天宇又轻又静!……

天顶上闪烁的小点很小。
看哪,小点在变大,在照耀,
越来越近,变得又红又亮。
啊!这世界大同的共和国,
今天,你还只是星星之火,
明天,你就是光辉的太阳![①]

[①] 《雨果文集》,人民文学出版社2002年版,第8卷,394页和396页。

雨果为中国做了两件事*

一、《人民日报》刊出雨果的《致巴特勒上尉的信》

1984年2月26日是法国作家维克多·雨果诞辰162周年。《人民日报》在第七版的《国际副刊》上，刊出一组文字，题为《文明与野蛮》，副题是《雨果谴责英法联军焚毁圆明园的一封信》。大标题左下方有雨果的头像。副刊编辑部加了一个"编者按语"："维克多·雨果（1802—1885）是中国人民熟悉的法国文豪。他虽然未到过中国，但是，通过他的大量作品，我们可以感受到他对于中国人民的深情厚谊和对于东方文明的由衷景仰。1860年10月英法联军火烧圆明园后，雨果在次年11月写给巴特勒上尉的信中，以凛然正气谴责了这次强盗行径，字里行间充满了对侵略者的义愤和对中国人民的同情。今天是这位作家的生日，我们发表此信，以志纪念。文章的标题是编者加的。"

按语之下，刊出由笔者翻译的雨果《致巴特勒上尉的信》全文。

《人民日报》1984年发表雨果的《致巴特勒上尉的信》，是我国雨果研究的划时代大事。1984年以前，雨果是法国作家；1984年以后，雨果不仅是作家，雨果还是政论文作者，雨果还是中国人民的朋友。

雨果是我国最早介绍的外国作家之一，雨果也是我国读者最熟悉、最喜爱的外国作家之一。雨果是著名的法国作家，雨果是世界文学的经典作家。雨果的长篇小说《悲惨世界》和《巴黎圣母院》都有不止一种的中译本。法国学术界甚至有关于《悲惨世界》中译本的不实传闻。1988年年底，笔者初访法国，第一次出席在巴黎第七大学举行的"法国大学校际雨果研究会"的每月例会，巴黎第三大学的拉斯泰（Arnaud Laster）教授向我核实：法国作家阿拉贡（Louis Aragon）曾提到中国出版《悲惨世界》的中译本，印数达500万册。我如实相告。

早在1952年，中国人民隆重纪念四位"世界文化名人"，雨果位列第一。

---

* 本文作于2020年。

《人民日报》于1952年5月4日发表"社论"：《为保卫人类文化的优秀传统而斗争——纪念雨果、达·芬奇、果戈理和阿维森纳》。

第二天，5月5日，《人民日报》刊出应邀来中国参加纪念活动的法国文艺批评家罗阿（Claude Roy）的发言。罗阿在发言中指出："一八六〇年，英法帝国主义的联军劫掠了并且烧毁了圆明园。雨果提出抗议，他的结论说，当时欧洲'各国政府往往是强盗，但是各国人民，绝不至于如此'。……当英法帝国主义联军侵略中国的时候，他管那一次战争叫作'盗窃行为'；他把当时主持战争的法国皇帝和英国女王，都叫作'贼'。"罗阿的引文都是雨果《致巴特勒上尉的信》中的内容。我们没有见到罗阿发言的法文原文，不知道罗阿在发言中是否直接点明雨果原信的篇名。可惜，我国的法国文学研究界没有追踪罗阿发言中透露的珍贵信息。

中国纪念世界文化名人雨果10年以后，1962年3月29日，《光明日报》刊载《关于军事远征中国事致巴特莱大尉》，正是这封雨果1861年抗议英法联军焚毁圆明园的信件。译文是由程代熙从俄文转译过来的。又经过了22年，1984年《人民日报》刊出直接从法文原文翻译的雨果著名信件全文。这时，离《人民日报》刊登法国文艺批评家罗阿的发言，已经32年。

1962年，笔者是北京大学西语系的法国浪漫主义文学专业的研究生，准备研究雨果的浪漫主义戏剧创作。22年后的1984年，笔者为雨果研究做成的第一件事情，不是雨果的文学作品或戏剧创作，而是翻译雨果的政论文《致巴特勒上尉的信》。

《人民日报》的读者，成千上万；如果雨果研究者没有看到这一天的《人民日报》，虽属常情，却也许是小小的遗憾。2002年是雨果诞辰200周年，北京和广州等地举办纪念活动。广州中山大学的纪念大会上，法国驻华大使毛磊（Pierre Morel）先生，雨果的玄孙女玛丽·雨果女士，和中山大学代表一起，都在发言中引证雨果的《致巴特勒上尉的信》，雨果抗议圆明园被毁的声音响彻广州上空。

1984年以后34年，2018年3月24日，法国位列第二的雨果纪念馆——滨海塞纳省的维勒基埃雨果纪念馆举办了题为"文明与野蛮"的"雨果和中国文化"展览。这是历史上第一次以"雨果和中国文化"为专题的展览。法国展览海报上的"文明与野蛮"直接取自1984年《人民日报》的标题。笔者应邀参加，并且应邀向出席开幕式的来宾用中文全文朗诵由笔者自己翻译的雨果这封信的中译文。省长马丁先生为感谢笔者的出席和朗诵，授予笔者一枚"滨海塞纳省勋章"。事后，滨海塞纳省负责筹备这次"雨果和中国文化"展览的文化事务官员马拉瓦尔夫人告诉我，法国公众对法国的这一段历史并不熟悉。

2018年，还有一件意义更加重大的事情。

2018年，经教育部审定，雨果的《就英法联军远征中国致巴特勒上尉的信》入选我国九年级上册的中学语文教材。书中附有一张雨果握笔书写的图片，背景是北京圆明园的遗址。

以后，每个中国孩子，在九年级上语文课时，都会读到雨果的《致巴特勒上尉的信》。每个中国的青少年，通过自己的研读和老师的讲解，都会在幼小的心灵里，记住雨果的名字，记住雨果信中美好的思想，美好的感情，美好的文句。雨果永远活在中国孩子的心中；孩子长大成人，雨果永远活在每个中国人的心中。

二、一条注释换一本专著

1962年3月29日，笔者在北京大学的教师阅览室，读到《光明日报》刊出程代熙由俄文转译的《关于军事远征中国事致巴特莱大尉》，笔者惊讶得说不出话来，站在读报栏前发愣。法国浪漫主义的旗手雨果，一生的传奇故事不少，他三管齐下，诗歌、戏剧和小说创作产生一部又一部的杰作，需要我们去细细品读和认真研究。雨果怎么会在中国人民受苦受难的历史关头，写下一篇如此爱憎分明、如此大义凛然的皇皇雄文，读来每个字都让中国人心头热乎乎地由衷感动。雨果太不简单了。雨果的这份遗产，我们不应该去关注、发掘、整理和继承吗？

作为《致巴特勒上尉的信》的译者，笔者面前有两件工作。第一，我要为给雨果写信的这位"巴特勒上尉"写一条注解，向读者交代一下他的身份以及他和雨果的关系。这是每个译者都不会忘记的工作，小事一桩。第二，更重要的事情，是希望寻觅和整理作家雨果撰写《致巴特勒上尉的信》这篇政论文的轨迹。这是一份历史文献，既有激愤之辞，也有抒情的描写，更有合情合理的分析和总结。如果能找到雨果写《致巴特勒上尉的信》的精神源头，或信中主要思想的发展过程，会是一件很有意义的工作。但这是一个新的研究方向，必须投入相应的时间和精力。

我们先易后难。我们先确定巴特勒上尉其人。可是事后证明，我们低估了这条注解的困难。巴特勒上尉，有姓，无名。法国老一辈的雨果研究专家都毫不犹豫地认定：雨果的《致巴特勒上尉的信》是一封实寄信，收件人巴特勒上尉实有其人。

笔者兴师动众，发动法国雨果研究界的朋友，献计献策，最后一一走进死胡同。笔者的好友普香是研究雨果在根西岛生活的权威,是他第一个找到"巴特勒上尉"的名字:威廉。威廉·巴特勒。同时,笔者在雨果留下的六册《根西岛手记》(*Agendas de Guernesey*) 里,也发现了这位巴特勒的踪迹。

《致巴特勒上尉的信》的写作日期是 1861 年 11 月 25 日。如果"巴特勒上尉"实有其人,1861 年 11 月 25 日之前的《根西岛手记》应该留下雨果认识巴特勒上尉的记录。事实是没有记录。1861 年 11 月 25 日当天,"手记"里甚至没有雨果写信的记录。追踪可以告一段落。不,翻过 1861 年 11 月 25 日,我们继续寻找。在以后的整整 1000 天日子里,仍然没有记录。可以死心了!不,我们继续寻找。1866 年 10 月 15 日,在《致巴特勒上尉的信》写成后整整五年,对,整整五年以后,《根西岛手记》突然冒出"巴特勒"的名字。"巴特勒"是位军人,军衔是"中尉"。1866 年 10 月 15 日,雨果"手记":"巴特勒中尉来访。"① 此后,这位根西岛驻军指挥官经常应邀来雨果家里午餐。1867 年 3 月 21 日:"巴特勒先生换防。"② 一周以后,这位"巴特勒中尉"永远消失在雨果的视线之外。

这位和雨果擦肩而过的巴特勒中尉,日后是一个战功显赫而又能著述的将军。巴特勒中尉于 1872 年在加拿大晋升上尉,67 岁时以将军衔退休,1910 年逝世。事实很明显,时至 1861 年 11 月 25 日,雨果并不认识一个叫"巴特勒上尉"的人。五年以后,根西岛出现一个年仅 28 岁的"巴特勒中尉"。这个"巴特勒中尉"与《致巴特勒上尉的信》没有任何关系。可见,《致巴特勒上尉的信》的收件人"巴特勒上尉"查无此人。1911 年,《威廉·巴特勒爵士自传》(*Sir William Butler. An Autobiogrphy*) 出版。威廉·巴特勒戎马一生,也以能在根西岛认识大作家雨果为荣。"自传"有一章记叙他和雨果极为短暂的友谊,但老将军对雨果的《致巴特勒上尉的信》毫不知情。

为了给雨果信的收件人做个注解,经过 24 年的调查研究,竟然是否定收件人的存在。既然"巴特勒上尉"是伪托,我们便把目光移到雨果这封信的写信日期和写信地点上来。

2000 年 7 月 6 日,笔者经法国大师级的雨果专家戈东夫妇(Jean and Sheila Gaudon)指点,在法国国家图书馆黎世留分馆的手稿部,查阅雨果《致巴特勒上尉的信》的两页手稿(可参见本书收录《请记住雨果的"我抗议"》一文所附图片)。我们发现,手稿上居然既没有写信日期,也没有写信地址。这一次,我没有大惊失色,只是意识到存疑不难,但求证不易。而且,说实话,

---

① 马森主编:《编年版雨果全集》,卷 13,979 页。
② 马森主编:《编年版雨果全集》,卷 13,1017 页。

对雨果1861年11月25日的写信日期提出怀疑,笔者心里并不好受。

我们在马森主编的《编年版雨果全集》的"同时年表"上看到:1861年,雨果只有两则创作记录。先是雨果6月30日的手记:"今天早晨6点半……我写完了《悲惨世界》。"① 接着是《致巴特勒上尉的信》(关于洗劫北京的圆明园)(《言行录》第二卷)②。长篇小说的篇幅很大,而书信的内容仅仅两页。前者是鸿篇巨制的文学经典,后者是掷地有声的历史文献。中国读者对此深感意外,又深为感动。原来雨果写完了《悲惨世界》后不久,又用书写《悲惨世界》的同一只手和同一支笔,写下了《致巴特勒上尉的信》。我们当然乐于见到雨果1861年只有这两则创作记录。

不过,1861年6月30日晚8点,雨果给长子夏尔写信:"我还有整整两三个月的工作要做,包括全部有关滑铁卢的内容。重要的是书已经写完;结局已经写好,情节已经收场,剩下的是调整和局部修改。"③ 1861年9月16日的雨果手记:"我重新投入《悲惨世界》(的审阅和补充工作)。"④ 他开始最后一遍重读手稿。雨果给妻子阿黛尔写信:"我还有满满两个月紧张写《悲惨世界》的工作。"⑤ 这时候,在雨果满脑子《悲惨世界》的时候,雨果放得下《悲惨世界》,挥笔书写关于千里万里以外的中国圆明园的抗议信吗?常识可以告诉我们,这样的可能性是微乎其微的。

最后,笔者竟然找到一个人支持这个设想,这样就把常识变成了事实。这个人,不是别人,正是雨果本人。

《悲惨世界》是雨果一生最重要的作品。创作要集中思想,集中精力,集中时间。1861年,正是雨果集中思想、集中精力、集中时间创作《悲惨世界》,不克分身的一年。《悲惨世界》是雨果长期酝酿、长期构思、长期修改、长期写作的长篇小说,而在《悲惨世界》几乎临产之前,在《悲惨世界》阵痛开始以后,写下《致巴特勒上尉的信》这篇短文!在1861年11月25日写《致巴特勒上尉的信》,这可能吗?

我们看到,马森主编的权威的《编年版雨果全集》肯定这个日期,法国几乎整个雨果研究界肯定这个日期,法国老一辈的雨果专家肯定这个日期。如果这个日期有错,大家就都错了,无一例外地错了。

---

① 马森主编:《编年版雨果全集》,卷12,1651页。
② 马森主编:《编年版雨果全集》,卷12,1656页。
③ 马森主编:《编年版雨果全集》,卷12,1651-1652页。
④ 马森主编:《编年版雨果全集》,卷12,1654页。
⑤ 马森主编:《编年版雨果全集》,卷12,1654页。

结果证明，大家都错了。

正是雨果本人，正是雨果自己，支持笔者的质疑，支持笔者提出雨果不可能在1861年11月25日创作《致巴特勒上尉的信》的结论。1862年1月21日，即在1861年11月25日的57天之后，雨果给友人写信："先生：我在孤独中生活，尤其是两个月以来有一件工作——一件紧迫的工作——要我全神贯注，让我无暇他顾，对外界发生的事情毫不知情。"①

换言之，雨果亲自声明，1861年11月25日，自己"无暇他顾，对外界发生的事情毫不知情"。

所以，雨果在1861年11月25日这一天，没有写过《致巴特勒上尉的信》这封信。

2006年年底，笔者的好朋友普香来信说："我的直觉是答案在《根西岛报》（Gazette de Guernesey）或另一份雨果会阅读的报纸里。"研究不能依靠直觉。但是普香是个严肃的学者，他的直觉不会是空穴来风，而应该是他多方探索后，诸多线索的某种交叉迸发出来的火花。普香在自己的雨果研究工作中，有过查阅地方老报纸而有所发现的成功先例。

2008年9月22日，笔者为此专程来到法国，在普香的陪同下，中午从圣马洛港起航，下午3：00到达根西岛首府圣彼得港（St. Peter Port）。次日，我们来到市中心的坎迪公园（Candie Garden），走进公园内的普瑞尔克斯图书馆（Priaulx Library）。我们走上二楼的期刊室，无人管理，读者自取自用。

150年前的《根西岛报》，一册一册的合订本，沉甸甸地排在书架上，陈列在我们眼前。这些深蓝色封皮的《根西岛报》，这些雨果流亡期间必读的《根西岛报》，原来是周报，每周六出版。我们的注意力当然是1861年11月25日。没有奇迹！《致巴特勒上尉的信》的写信日期是星期一，周一不出报。23日和30日才是周六，没有奇迹。

结论可以是，1861年11月25日，雨果没有在根西岛的高城居，为一个并不存在的巴特勒上尉，给当地的报纸《根西岛报》，写过这封《致巴特勒上尉的信》。

万万没有想到，为了给"巴特勒上尉"加个注解，结果是彻底否定了这个"巴特勒上尉"。查无此人。雨果自己也白纸黑字否定1861年11月25日写信的可能性。没有了这个写信日期，那又何来写信的地址"高城居"？

我们先是"查无此人"，接着又"查无此信"。这是笔者追踪24年的结论。

---

① 《雨果全集》，拉封出版社1985年版，"政治卷"，529页。

一条寻常的注解没有写成。笔者把长期研究雨果和圆明园悲剧的关系，尤其是追踪收件人巴特勒上尉的过程，写成《雨果和圆明园》（中华书局，2010年）。一条注解换成一本书，这是无可奈何的收获。

《雨果和圆明园》的结论来之不易，但是这个结论很重要。笔者当然希望把这个信息传递给法国的雨果研究界。法国文学史学会的机关刊物《法国文学史评论》于2011年10月刊出我的长篇论文：《巴特勒上尉是谁？——论雨果关于圆明园的一封信》①。2011年8月25日，《法国文学史评论》的主编皮埃尔-路易·雷伊（Pierre-Louis Rey）在发稿前来信称："你的美文提供了文学史上一个真正的发现……"中国圆明园学会的机关刊物《圆明园》于2012年1月刊出由笔者自己译成中文的《巴特勒上尉是谁？——论雨果关于圆明园的一封信》②（该文见本文集）。这样，法国学术界和中国学术界几乎同时知道了《雨果和圆明园》的基本内容和结论。

三、雨果一生关注中国的命运

《人民日报》发表雨果的《致巴特勒上尉的信》以后，笔者作为译者，希望深入研究雨果和中国的关系。笔者兵分二路，先易后难。

先易者，一条注释而已。事实证明，此路崎岖，甚至坎坷，最后没入虚无之中。后难者，是指梳理雨果一生和中国的关系。此行时间跨度大，缺少雨果整篇的文章，多感悟和断想。事后证明，难行之路反而积少成多，水到渠成。

我们现在掌握到的雨果论及中国的文字，最早是1827年写的《历史断片》（"Fragment d'histoire"）。雨果在文中写道："文明如同白昼，文明的曙光从东方升起。文明一点一点地醒来，在其亚洲的古老摇篮里施展手脚。文明在世界的一角一手放下中国，中国有象形文字，有火炮和印刷术，仿佛是它未来作品的第一份草稿，仿佛是它今后创作的亘古不变的样品。"③雨果把中国定位成人类文明的发源地之一。此文以后收入1834年出版的《文哲杂论集》（*Littérature et philosophie mêlées*）。

1827年，雨果25岁。雨果还仅仅是个青年作家。1827年12月5日，雨

---

① Zenghou Cheng, "Qui est le capitaine Butler? – A propos d'une lettre de Victor Hugo sur le Palais d'Eté, Revue d'Histoire Littéraire de la France", octobre 2011, No. 4, pp. 891–903.

② 程曾厚：《巴特勒上尉是谁？——论雨果关于圆明园的一封信》，《圆明园》，第12集，2012年1月，19–27页。

③ 《雨果全集》，拉封出版社1985年版，"评论卷"，167页。

果发表的《〈克伦威尔〉序》，被誉为"浪漫主义宣言"。雨果一鸣惊人，成为浪漫主义新文学的旗手。从时间上看，雨果的《历史断片》应该早于《〈克伦威尔〉序》。在雨果创作诗歌、戏剧和小说的一部部杰作之前，甚至在雨果勇登文坛顶峰之前，心中已经埋下一颗"中国"的种子。

19世纪30年代，雨果在文学创作上大放异彩，而个人生活上也是跌宕起伏。1833年，雨果认识了女演员朱丽叶·德鲁埃（见图1），两人开始了长达50年的世纪爱情。

我们注意到，雨果会在抒情诗中描写家里的中国艺术收藏品，偶尔画两幅"东方幻想画"。此外，雨果做了一件大家没有想到的事情，而日后是产生重大影响的好事：雨果不声不响地给情人朱丽叶启蒙中国文化。对，雨果给情人启蒙中国文化。我们仅举一例，可见一斑。

1837年6月29日，朱丽叶在每天给雨果写情书时写道："要对你说我爱你，一句话够了，可是要对你说我爱你爱到什么程度，那我需要一张比中国长城更大的纸。"① 古往今来，从来没有一个女人说过一句如此辽阔、如此深沉和如此壮丽的情话。雨果的启蒙工作卓有成效，令人钦佩，令人赞叹。

1842年，雨果发表长篇美文游记《莱茵河》。雨果在1841年7月间，为游记增加了一篇"结论"。"结论"与莱茵河不甚相关，而是作者在游览莱茵河的前后三年多时间里，对欧洲乃至全世界的政治形势所抒发的宏论。雨果说："英国在企图毒害、至少是企图催眠中国之后，此时此刻，正在猛力攻打中国。"② 雨果抨击英国对世界的野心，第一次提到英国毒害中国人民，发动鸦片战争。我们看到，对于东方中国发生的事情，远在巴黎的法国作家雨果在注视着。

此时，雨果39岁，尚未从政，中国已经进入雨果的视野。在雨果的笔下，中国是以英国侵略的受害者的形象出现的。鸦片战争的本质是"毒害"中国人民。作家雨果的关注，诗人雨果的远见，有意从政的雨果的分析，都让我们钦佩，让我们感动。

1852年3月30日，雨果在朱丽叶的陪同下，在流亡地布鲁塞尔访问一个从中国广州来欧洲的中国家庭。2006年，吉拉尔·普香在法国妇女出版社（des femmes Antoinette Fouque）出版《朱丽叶·德鲁埃回忆录》（*Juliette Drouet, Souvenirs 1843—1854*）。普香从法国国家图书馆里发掘出一篇尘封一个半世

---

① 法国索邦大学诺格雷特教授领导的研究小组编订的电子版《朱丽叶·德鲁埃给维克多·雨果书信全集》。

② 《雨果全集》，拉封出版社，"游记卷"，《莱茵河》，389页。

雨果为中国做了两件事

图1　朱丽叶·德鲁埃26岁时的画像，阿方斯－莱昂·诺埃尔（Alphonse-Léon Noël）画

纪的史料。书中的一章题为："1852年3月30日，星期二，访问布鲁塞尔圣于贝尔商场的中国人"（"Visite aux Chinois qu'on voyait à Bruxelles，Galeries St.-Hubert，le mardi 30 mars 1852"）。

我们第一次有确切的文字资料，有确凿无疑的第一手材料，记载雨果拜访了一个中国家庭。1851年3月30日，雨果面对面和从中国广州来的茶叶商人钟阿泰一家待了一个下午。

朱丽叶的这篇回忆文字，已经译成中文。①

我们在雨果的《见闻录》中找到两则和中国相关的内容。

雨果日常写下很多笔记和手记之类，有相当数量是片言只语，编排也未必有一定的体例。《见闻录》于雨果身后分两册出版，收录此类文字。由于内容庞杂，查阅并不方便。塞巴谢教授主编的《雨果全集》把《见闻录》编入"历史卷"。我们见到，在1860年的栏目下，有这样两则文字，应该与圆明园有关。

1860年的第一则"见闻"："欧洲（异文：英国和法国）正以大肆劫掠的方式，把文明传入中国。"②

"历史卷"编者有注："雨果是奋起反对这种强盗行径的极少数西方人士之一。"

1860年的第二则"见闻"："此时此刻，欧洲正在砸碎中国。这个可怜的大花瓶，早已是满身裂痕了。"③

如果说1861年11月25日，雨果在高城居写《致巴特勒上尉的信》的日期是伪托，那么1860年的这两则对英法远征军劫掠和焚毁圆明园的即时反应，才是雨果奋起抗议两个强盗的强盗行径的大义凛然的真正立场。

1860年，雨果58岁，他在英吉利海峡群岛的英属根西岛流亡。雨果刚刚把购置的房子装修完毕，取名"高城居"。我们不知道当年的国际新闻，从远东传到欧洲大西洋上的这个小岛，需要多少时间。雨果的两则文字，没有确切的日期。第一则文字比较概括，似乎更适合英法联军从天津塘沽登陆后到达北京的途中。第二则文字，这"此时此刻"，使我们想到圆明园的抢劫和大火。"此时此刻"，道出了雨果第一时间的反应。雨果经常把中国比喻成一个"花瓶"。看得出雨果对被"砸碎"的中国充满了同情和悲哀。而这正是英法联军

---

① 《朱丽叶·德鲁埃回忆录》，程曾厚译，《岭南文化》2006年12月，总第3期，42-50页。

② 《雨果全集》，拉封出版社，"历史卷"，1312页。

③ 《雨果全集》，拉封出版社，"历史卷"，1312页。

焚毁北京圆明园的时刻，雨果的文字难能可贵。这两则手记和《莱茵河》中有关"鸦片战争"的记述是遥相呼应的，和一年后的《致巴特勒上尉的信》在思想感情上是一脉相承的。中国始终在雨果心中。

1863年至1864年间，雨果把自己三十年来对艺术的思考系统地加以梳理，写成《莎士比亚论》，这是雨果自己从事文艺创作的宝贵总结，书里藏有雨果心灵深处隐蔽而闪光的思想。由于材料过于丰富，雨果留下很多已经成文的片段，今天集结成"哲理散文"（"Proses philosophiques de 1860—1865"），收入塞巴谢主编的《雨果全集》"评论卷"，我们在"哲理散文"中的《趣味》一节读到雨果以下的这段文字。

> 这个至高无上的趣味，如同体现这趣味的天才，是无所不在的，把东方分成了两部分，高加索的一半是"理想"的出发点，西藏的一半是"幻想"的出发点。由此产生了两首巨大的诗篇。此地是"太阳神"（Apollon），那儿是"龙"（le Dragon）……这两个世界属于最高的趣味，标志出这最高趣味的两极。这最高趣味的一端有希腊，另一端有中国。①

试对比《致巴特勒上尉的信》：

> 艺术有两种起源，一是理想，理想产生欧洲艺术，一是幻想，幻想产生东方艺术。圆明园在幻想艺术中的地位，和帕特农神庙在理想艺术中的地位相同。

"哲理散文"成稿于1860—1865年。这一段引文明确提出东方艺术和西方艺术平等而对立的关系。中国文化的象征是"龙"。西方文化里"龙"的概念和中国文化里"龙"的概念是截然不同的。

我们注意到，雨果此地有关"趣味"的思考，和《致巴特勒上尉的信》中的论述，是完全一致的。从时间上看，应该先有"哲理散文"的《趣味》，后有《言行录》雨果信中的总结。

1870年春，拿破仑三世感到帝国日益不稳，希望由法国人民全民投票，以巩固摇摇欲坠的第二帝国。有人咨询在根西岛流亡的雨果，对此"全民公决"应该持何种态度；4月27日，雨果发表《全民公决》作答。

---

① 《雨果全集》，拉封出版社，"评论卷"，572页。

雨果与中国

反对。回答就是两个字。这两个字的内容可以写满一本书……联合英国给中国看看欧洲这个文物破坏者的形象，用我们的野蛮行径让野蛮人目瞪口呆，和损毁帕特农神庙的额尔金的儿子合伙焚毁圆明园……①

雨果在《全民公决》一文中，正面提出法国联合英国焚毁圆明园的罪行，提出文明和野蛮被颠倒的关系，提出希腊帕特农神庙和中国圆明园相同的不幸命运。这些都是雨果在《致巴特勒上尉的信》中强调和发挥的重要内容。

四、《致巴特勒上尉的信》

笔者在《雨果和圆明园》一书中，对《致巴特勒上尉的信》做过认真的研究，提出："《致巴特勒上尉的信》是一封没有实际收件人的文字作品，只是雨果为了对英法'远征中国'这个历史事件整理和'概括'自己的思想，是雨果借'书信'的形式，表达自己赞美东方的圆明园和抗议英法联军焚毁圆明园的立场和观点。"②《雨果和圆明园》经过研究后还提出："笔者有理由推理、有理由相信、有理由希望：1875 年 10 月 27 日，雨果为我们、为历史、为人类的良知，写下《致巴特勒上尉的信》。"③ 这一年，雨果 73 岁。这不仅是雨果一生写中国的最后一篇文章，更是雨果一生写中国的总结性文章。

我们在研究的场合，提出 1875 年 10 月 27 日是雨果写作这封《致巴特勒上尉的信》的时间。在其他非研究的情况下，我们保留《致巴特勒上尉的信》在 1875 年 11 月 8 日第一次发表时使用的 1861 年 11 月 25 日这个传统上接受的创作日期。

1875 年 11 月 8 日，即在雨果创作《致巴特勒上尉的信》的 11 天以后，雨果在《言行录》第二卷（《流亡中》）第一次发表《致巴特勒上尉的信》，该信第一次与世人见面。

---

① 《雨果全集》，拉封出版社，"政治卷"，658－659 页。
② 程曾厚：《雨果和圆明园》，中华书局 2010 年版，200 页。
③ 程曾厚：《雨果和圆明园》，中华书局 2010 年版，206 页。

致巴特勒上尉的信

先生：

你征求我对远征中国的意见。你认为这次远征是体面的、出色的，多谢你对我的想法予以重视；在你看来，打着维多利亚女王和拿破仑皇帝双重旗号对中国的远征，是一次由法国和英国分享的光荣，而你很想知道，我对这次英法的胜利又想给予多少赞赏。

既然你想了解我的意见，以下就是：

在世界的某个角落，有一个世界奇迹；这个奇迹叫圆明园。艺术有两种起源，一是理想，理想产生欧洲艺术，一是幻想，幻想产生东方艺术。圆明园在幻想艺术中的地位，和帕特农神庙在理想艺术中的地位相同。一个几乎是超人的民族的想象力所能产生的成就尽在于此。这不是一件稀有的、独一无二的作品，如同帕特农神庙那样；如果幻想能有典范的话，这是幻想的某种规模巨大的典范。请想象一下，有一座言语无法形容的建筑物，有某种月宫般的建筑物，这就是圆明园。请建造一个梦境，材料用大理石，用美玉，用青铜，用瓷器，用雪松做这个梦境的房梁，上上下下铺满宝石，披上绫罗绸缎，这儿建庙宇，那儿造后宫，盖城楼，里面放上神像，放上异兽，饰以琉璃，饰以珐琅，饰以黄金，施以脂粉，请又是诗人的建筑师建造一千零一夜的一千零一个梦，再添上一座座花园，一片片水池，一眼眼喷泉，加上成群的天鹅、朱鹭和孔雀，总而言之，请假设有某种人类异想天开产生的令人眼花缭乱的洞府，而其外观是神庙，是宫殿，这就是这座园林。为了创建圆明园，曾经耗费了两代人的长期劳动。这座大得犹如城市的建筑物，是由世世代代建造而成的。为谁建造的？为各国人民。因为，岁月完成的事物是属于人类的。艺术家，诗人，哲学家，过去都知道圆明园；伏尔泰谈到过圆明园。我们常说：希腊有帕特农神庙，埃及有金字塔，罗马有斗兽场，巴黎有圣母院，东方有圆明园。如果说，大家没有看见过它，大家也梦见过它。这曾是某种令人惊骇的不知名的杰作，在不可名状的晨曦中依稀可见，如同在欧洲文明的地平线上显出亚洲文明的剪影。

这个奇迹已经消失了。

有一天，两个强盗进入了圆明园。一个强盗洗劫，另一个强盗放火。看来，胜利女神可能是个窃贼。对圆明园进行了大规模的破坏，由两个战胜者分担。我们看到，这整个事件中还与额尔金的名字有关，这注定又会使人想起帕特农神庙。从前对帕特农神庙怎么干，现在对圆明园也怎么干，干得更彻底，更漂亮，以致荡然无存。即使把我们所有大教堂的所有财宝加在一起，也抵不上东方这座了不起的富丽堂皇的博物馆。园中不仅有艺术珍品，还有成堆的金银制品。丰功伟绩，收获巨大。两个胜利者，一个塞满了口袋，这是看得见的，另一个装满了箱箧；他们手挽手，笑嘻嘻地回到了欧洲。这就是两个强盗的故事。

我们欧洲人，我们是文明人，中国人对我们是野蛮人。这就是文明对野蛮所干的事情。

在历史面前，这两个强盗，一个将会叫法国，另一个将会叫英国。我先要提出抗议，感谢你给了我抗议的机会：治人者的罪行不是治于人者的过错；政府有时会是强盗，而人民永远不会。

法兰西帝国吞下了一半的胜利果实，今天，帝国竟然带着某种物主的天真，把圆明园富丽堂皇的破烂陈列出来。我希望有朝一日，解放了的干干净净的法兰西会把这份赃物归还给被掠夺的中国。

现在，我证实，发生一次偷窃，有两名窃贼。

先生，以上就是我对远征中国给予的全部赞赏。

维克多·雨果
1861年11月25日于高城居①

雨果的《致巴特勒上尉的信》，是雨果以前历次评论中国文字的集大成。我们可以在雨果以前的思想和文字里，看到雨果一贯捍卫受苦受难的中国，看到雨果思想逐步形成的过程。

《致巴特勒上尉的信》是一篇历史文献，是人道主义作家雨果的巅峰之作，是雨果和中国文化关系的核心。研究雨果和中国的关系，首先就是研究《致巴特勒上尉的信》。

我们看到，雨果一生很多写下的文字，都和中国历史、中国文化、中国艺术相关。但就内容之重，篇幅之长，爱憎之分明，思想之全面和完整，甚至文字之优美，这封信无出其右。这封信是雨果和中国关系的核心和关键。《致巴特勒上尉的信》是雨果一生中国情结的美丽绽放，是雨果一生中国情结的盛大喷发。

笔者于1983年9月把《致巴特勒上尉的信》的译稿投寄《人民日报》。译者至今保留和《人民日报》国际副刊的果永毅编辑的全部交流文字。果永

---

① 《雨果文集》（第11卷"散文"），程曾厚译，人民文学出版社2002年版，360－362页。

毅 1983 年 10 月 26 日的第一封来信："以一位未曾到过中国的外国人，对中国人民怀有那么深沉的感情；对远离欧洲大陆的地方发生的一场活动，有那么深刻的洞察力；对统治阶级的暴行与人民之间的友情区分得那么泾渭分明；……读之令人深受感动。"

雨果的《致巴特勒上尉的信》感动了译者，感动了编辑，刊出后会感动众多的读者。17 年后，《致巴特勒上尉的信》的译文先是收入人民文学出版社的《雨果文集》（2001 年，第 11 卷，"散文"）。不久，《致巴特勒上尉的信》入选我国义务教育八年级的语文教材。这是出人意料而又令人鼓舞的事情。八年级即初中二年级。这册教材是"义务教育课程标准实验教科书"，经"全国中小学教材审定委员会 2001 年初审通过"，由"课程教材研究所中学语文课程教材研究开发中心"编著。教材编者在课文前有编者按："这封书信饱含着深厚的人道主义精神，愤怒地谴责了侵略者的罪行，表达了对被侵略、被掠夺者的巨大同情，震撼读者心灵。"①

译者和编辑的"感动"在 17 年后，成了教材编写者的"震撼"。我们希望，教材编写者的"震撼"会传递给千千万万的中学生。

又一个 17 年后，2018 年，人民教育出版社出版的九年级上册《语文》，第二单元的第 7 课课文是《就英法联军远征中国致巴特勒上尉的信》。九年级上册的《语文》教材由教育部审定（2018），是义务教育教科书。

《致巴特勒上尉的信》从 1984 年由《人民日报》刊出，到 2018 年入选教育部审定的义务教育教科书，走了一条不平凡的路。雨果的精神，雨果的思想，使我们感动，让我们震撼。雨果的优美文字，让我们欣赏，要我们学习。雨果泉下有知，看到他一生挚爱的中国的男孩和女孩，在捧读他的《致巴特勒上尉的信》，定会颔首微笑。

迄今没有发现具有绝对说服力的资料，可以确定《致巴特勒上尉的信》的确切创作日期。《雨果和圆明园》的结论是查无此信。写信日期和地点，都是伪托。1875 年 10 月 27 日这个日期，是笔者经过研究后提出的假设，带有推理的成分。我们期待法国专家有新的发现。

我们 2011 年在《法国文学史评论》上发表论文《巴特勒上尉是谁?》。据说，法国有雨果研究者担心，既然"巴特勒上尉"查无此人，那《致巴特勒上尉的信》还有意义吗？

笔者作为此信的译者，从来没有这样古怪的想法。

---

① "义务教育课程标准实验教科书"，《语文》（八年级上册），人民教育出版社 2001 年版，29 页。

《致巴特勒上尉的信》是《言行录》第二卷（《流亡中》）的唯一一篇创作。看来，法国的雨果研究界对《言行录》的研究并不普及，关心不够。《言行录》第三卷（《流亡后》）收入一篇《致默里斯和瓦克里两位先生的信》（À MM. Meurice et Vaquerie）①，这也是一篇创作。这封有7页之多的长信概述了雨果有关巴黎公社的立场和观点，付印的写作日期是1871年4月28日，这是公社宣布成立后一个月、公社失败前一个月左右的时间。

经专家研究发现，《致默里斯和瓦克里两位先生的信》也是创作，并非雨果从布鲁塞尔寄给巴黎两位朋友的真实信件，但今天作为"信件"并且按照"信件"伪托的日期，编入《言行录》第三卷。请看法国雨果专家贝洛斯塔（Marie-Christine Bellosta）为此信写的注解：此信为收入《言行录》"于事后所写，日期不能确定（在1871年7月29日到9月15日之间）。"② 雨果自己在1871年9月15日给默里斯的信中说：此信"概括了我在巴黎公社期间给你写过的全部信件，更有所发挥"。③ 雨果自己承认，此信的作用在于"概括"以前的观点，并有所"发挥"。雨果、默里斯和瓦克里，寄件人和收件人都心知肚明。雨果感到，应该对刚刚过去的重大历史事件，整理自己的思想和观点，这样站得更高，看得更全面，可以把自己前前后后的立场和观点更好地统一起来。

我们再看信中的一些措辞："你们问我的全部想法"，"勇敢、亲爱的朋友，我握你们的手"，甚至"如果你们认为需要我来巴黎，毫无疑问，不论为什么事情，你们只要向我表示一下，我会马上跑来的"，等等，不一而足。既然貌似一封"信"，这种种表述，只是写"信"的修辞需要，并无实际意义。

可见，《致巴特勒上尉的信》是一封没有实际收件人的文字作品，只是雨果为了对英法"远征中国"这个重大历史事件整理和"概括"自己的思想，借"书信"的形式，表达自己赞美东方的圆明园和抗议英法联军焚毁圆明园的立场和观点。上文说过，《致巴特勒上尉的信》是《言行录》第二卷（《流亡中》）唯一的一篇创作。1875年11月8日，《致巴特勒上尉的信》第一次出版，第一次问世，第一次与世人见面。

原来，没有任何人要求雨果写《致巴特勒上尉的信》，没有任何人希望雨果对遥远北京圆明园的悲剧表态，对被欺凌、被侮辱的中国人民表示支持和声援。这是雨果的良心在发声，是人类的正义在行动。

---

① 《雨果全集》，拉封出版社，"政治卷"，787 – 794 页。
② 《雨果全集》，拉封出版社，"政治卷"，1131 页。
③ 转引自贝洛斯塔的注释，"政治卷"，1131 页。

英法远征军劫掠和焚毁圆明园，深深刺痛雨果的良心，刺得很深，刺得很痛。雨果要借这封《致巴特勒上尉的信》，给世界文明史上一个令他震动、让他难以释怀的重大事件，留下自己的立场，留下自己的评判。我们可以说，没有具体的理由和契机，而良心的不安和愤怒，也许正是最大的理由，也许正是最大的契机。

我们不必感谢这位子虚乌有的"巴特勒上尉"，我们只感谢雨果，感谢这颗人类永不泯灭的良心；我们只感谢雨果的如椽大笔，感谢雨果掷地有声的千古雄文。即使圆明园的悲剧已经过去15年，雨果仍不能释怀，雨果仍有话要说，雨果要为历史留下自己的思想和观点。面对中国的悲惨命运，雨果不愿缺席，雨果没有缺席，雨果站出来，雨果大声疾呼，雨果抗议。历史听到了雨果的大声疾呼，中国人民，中国的孩子，我们听到了雨果的抗议。

五、雨果的两首中国诗

政论家雨果，评论家雨果，只是作家雨果的一部分。我们希望看到作家雨果和中国文化关系的全貌，看看狭义的作家雨果和中国有没有更多方面的联系。

感谢我的好友热拉尔·普香。他在耕耘自己的雨果研究领域同时，腾出时间和精力，于2017年写成一篇洋洋万言的文章：《维克多·雨果是坚定热爱中国的作家》（"Victor Hugo, un écrivain sinophile engagé"）[1]。法国雨果研究界历来很少关注雨果和中国文化关系的课题。普香的这篇论文，总结雨果作品中涉及中国的文字，梳理了雨果小说和诗歌里的相关内容。普香的这篇文章，可以代表法国研究雨果和中国关系的最新水平。

普香发现，雨果作为小说家，有3部小说——《悲惨世界》（1862）、《海上劳工》（1866）和《笑面人》（1869），都包含中国的内容。而雨果作为诗人，有多至9部诗集，即《心声集》（1837）、《光影集》（1840）、《惩罚集》（1853）、《林园集》（1865）、《凶年集》（1872）、《祖父乐》（1877）、《精神四风集》（1881）、《上帝集》（1891）和《全琴集》（1888，1893），都提到过中国。涉及中国的文字还出现在其他历史、哲学乃至个人色彩的作品中，诸如《文哲杂论集》（1834）、《莱茵河》（1842）、《拿破仑小人》（1853）、《莎士比亚论》（1863）和《一件罪行的历史》（1877）等。

---

[1] 明珠美术馆编著：《维克多·雨果，天才的内心》，文汇出版社2019年版，32-39页。

雨果与中国

相对而言，戏剧家雨果的剧作中，还没有发现有中国的影子。

我们知道，雨果一生留下两首完整的中国诗，即写中国的诗，而且都是写中国花瓶的诗。

1851年12月1日，雨果写了一首小诗《中国花瓶》①：

中国花瓶
赠中国小姑娘易杭彩（Y-Hang-Tsei）

你，来自茶国的小妹，
你做的梦又奇又美：
天上有座大城崔巍，
中国是天城的城郊。

姑娘，我们巴黎昏暗，
你在寻找，天真烂漫，
你金碧辉煌的花园，
园中孔雀开屏美妙；

你笑看我们的天顶；
有小矮人高高兴兴，
对着你瓷白色眼睛，
把纯洁的蓝花轻描。

《中国花瓶》（"Vase de Chine"）收入雨果遗作《全琴集》（*Toute la Lyre*）。这首诗写于1851年12月1日，即流血政变的前1天，生前没有发表。10天后，雨果带着排字工人朗万的假护照出逃比利时，开始流亡。《中国花瓶》是雨果一生政治命运和文学创作的转折点。

除了《中国花瓶》外，雨果于1877年4月4日，写了另一首题为《跌碎的花瓶》（"Le pot cassé"）的诗篇：

老天哪！整个中国在地上跌得粉碎！
这花瓶又白又细，像一滴闪光的水，
花瓶上画满花草和虫鸟，妙不可言，

---

① 《雨果文集》，人民文学出版社2002年版，第9卷，程曾厚译，936页。

雨果为中国做了两件事

> 来自蓝色的梦境，有理想依稀可辨，
> 绝无仅有的花瓶，难得一见的奇迹，
> 虽然是日中时分，瓶上有月色皎洁，
> 还有一朵火苗在闪耀，仿佛有生命，
> 又像是稀奇古怪，又像是有心通灵。
> 玛丽叶特在收拾房间，出手不小心，
> 碰倒了这个瓷瓶，跌碎了这件珍品！
> 圆圆的花瓶多美，圆得在梦中难找！
> 瓶上有几头金牛在啃吃瓷的青草。
> 我真喜欢，码头是我买花瓶的地方，
> 有时候，对沉思的孩子我大讲特讲。
> 这是头牦牛；这是手脚并用的猴子；
> 这个，是一头笨驴，也许是一个博士；
> 他在念弥撒，如果不是哼哧地叫喊；
> 那个，是一个大官，他们也叫作"可汗"；
> 既然他肚子很大，就应该满腹经纶。
> 这只藏在洞中的老虎，当心要伤人，
> 猫头鹰躲在洞里，国王在深宫高楼，
> 魔鬼在地狱，你瞧，他们人人都很丑！
> 妖怪其实很可爱，这孩子们都知道。
> 怪物的神奇故事让他们手舞足蹈。
> 花瓶死了。我非常珍惜这一个花瓶。
> 我赶来时很生气，我马上大发雷霆：
> "这是谁干的好事？"我嚷道，来势汹汹！
> 让娜这下注意到玛丽叶特很惊恐，
> 先看看她在害怕，又看看我在发火，
> 于是，像天使一般瞧我一眼说："是我。"①

《跌碎的花瓶》收入1877年出版的诗集《祖父乐》（*L'art d'être grand-père*）。这首三十行的短诗写家中女仆玛丽叶特（Mariette）打扫时不小心，打碎了一只雨果心爱的中国花瓶。小孙女让娜十分懂事，利用祖父宠爱自己的心理，主动承担责任，承认错误，保护女仆免受责罚。《跌碎的花瓶》是雨果生

---

① 《雨果文集》，人民文学出版社2002年版，第9卷，程曾厚译，868-869页。

雨果与中国

前发表的唯一一首中国题材的诗。

这首诗的起句突兀:"老天哪!整个中国在地上跌得粉碎!"诗人把中国比作一个花瓶,使我们又想起圆明园被毁时雨果第一时间的悲叹:"此时此刻,欧洲正在砸碎中国。这个可怜的大花瓶,早已是满身裂痕了。"又说"花瓶死了。我非常珍惜这一个花瓶。"在雨果心中,"花瓶"就代表了"中国"。

这是一首写实的诗,还是一首想象的诗?"七星丛书"版《雨果诗歌》的编者奥尔布伊(Pierre Albouy)对本诗有"题解":

"《跌碎的花瓶》所写的意外事件发生在这一年的3月23日,雨果在手记里写道:玛丽叶特意外碰碎了在我壁炉上的佛兰德瓷花瓶(路易十六式),瓶上有朱朱(朱丽叶)的缩写。让娜在场,她看到玛丽叶特垂头丧气,对她说:别怕。就说是我。老爸爸不会说什么的。"[1]

这是一件本来和中国花瓶并不相干的事情。可是,雨果因此写成的一首诗,竟然煞有介事地大谈特谈这个跌碎的中国花瓶如何美好。雨果一番苦心,编造情节,有意把诗中发生的经过搬到当年根西岛的高城居年代,只是为了倾诉自己对中国花瓶、对中国艺术和文化的喜爱。

六、雨果和高城居

雨果是作家,具有诗人、小说家、剧作家、政论家、文艺评论家等多方面的才华。多才多艺的雨果还有其他天赋吗?

有。雨果是画家。

雨果生前已有画家的美名,但是,雨果一向认为,绘画只是他个人的消遣娱乐。既然他不认为自己是画家,他的画不值得发表。"雨果不仅是诗人,还是画家",这是法国作家戈蒂耶早在1838年写下的话。[2] 艺术评论家波德莱尔早在1855年把雨果和大画家德拉克洛瓦相提并论:"此地可以提醒大家,大师们,诗人或画家,雨果或是德拉克洛瓦,总是比他们胆怯的钦佩者超前若干年。"[3] 1862年,由雕刻家舍奈(Paul Chenay)雕刻的《雨果画册》(*Dessins de Victor Hugo*),收录13幅雨果画作,由戈蒂耶写序,在巴黎卡斯特尔出版社(Castel)出版。这是雨果生前正式出版的唯一一本画册。[4]

---

[1] Victor Hugo, *Œuvres poétiques*, Ⅲ, Gallimard, 1984, la Pléïade, pp. 1276 – 1277.
[2] 程曾厚:《雨果十八讲》,浙江大学出版社2016年版,219页。
[3] 程曾厚:《雨果十八讲》,浙江大学出版社2016年版,219 – 220页。
[4] 程曾厚:《雨果十八讲》,浙江大学出版社2016年版,220页。

他对被人看成是画家，态度被动，甚至是无可奈何。1863 年 3 月 6 日，雨果在致弟子和挚友默里斯的信中说："你是知道的，出版一本画册，于我是迫不得已的违心事情。我是已经尽量排除这种奢望的。这些乱涂乱画的东西，是留给我亲近和宽容的挚友的。"① 1901 年，坎博（L. Guimbaud）在《漫画家雨果》一文中，首次披露了一首诗。雨果在赠情人朱丽叶的《画册》上写了一首自嘲诗，生动地写出了自己成为画家的百般无奈：

> 作者把他被人发现的画，
> 今天在您的羽翼下埋藏，
> 请为他双重的苦恼牵挂：
> 先是自觉自愿出来流亡，
> 现在又身不由己当画家。②

马森主编的《编年版雨果全集》于 1969 年开始出版，做了一件史无前例的好事：18 大卷的"雨果全集"最后两卷，即第 17 卷和第 18 卷，收录了雨果的绘画作品。

1985 年是雨果逝世 100 周年，法国民众终于知道雨果有画家的天才，一生留下 3000 多幅绘画作品。2000 年，巴黎"雨果故居"举办规模盛大的雨果绘画展"笔下混沌"（"Du chaos dans le pinceau…"）③。2000 年，人民文学出版社开始陆续出版纪念版的 12 卷本《雨果文集》，最后一卷是笔者选编的《雨果绘画》。我国给经典作家出版的"文集"包含一集"绘画"，也是不常见的事情。当年的法国驻华大使毛磊先生还为《雨果绘画》写了一篇序言。《雨果绘画》④ 的精装单行本收彩图 100 幅、黑白图 300 幅。

画家雨果和中国文化有没有联系？如果有联系，是什么性质的联系？这是前人没有关注过的课题。

马森主编的《编年版雨果全集》在绘画卷选用了一个有意思的概念，叫"chinoiseries"⑤。"chinoiseries"的词义，通常指"中国风格的小摆设"。我们根据雨果绘画的语境，译成"中国题材画"。中国题材画主要有人物、动物或

---

① 马森主编：《编年版雨果全集》，卷 12，1214 页。
② 转引自 P. Georgel, *Les avatars d'un peintre malgré lui*, *La Gloire de Victor Hugo*, p. 485。
③ "Du chaos dans le pinceau…", Paris musées, 2000, 419 pages.
④ 《雨果绘画》，皮埃尔·毛磊（Pierre Morel）序，人民文学出版社，2002，342 页。
⑤ 马森主编：《编年版雨果全集》，卷 17，图片目录，II，7 页。

怪物，以及富于装饰情趣的花草，而花草的中国特性可能不明显。笔者在编集《雨果绘画》时，选入400幅雨果绘画，其中就有10幅彩色中国题材画和40幅黑白的中国题材画。这50幅中国题材画都来自同一个地方：巴黎雨果故居三楼的中国客厅。事实证明，中国客厅是画家雨果画中国题材画最集中的地方。研究雨果画中国，几乎就是研究中国客厅。

2010年以后，笔者开始研究雨果的中国客厅。

今天，中国客厅是巴黎雨果故居的常设展厅。首先，我们要明确一点：巴黎孚日广场6号的雨果故居，是1902年巴黎市政府决定创建、1903年正式开张的"雨果故居"。其实，雨果和家人在孚日广场6号的居住时间是从1832年10月25日开始，到1848年7月1日全家因政治形势混乱搬出，这是雨果在巴黎居住时间最长的居所，也是雨果中年创作和社交活动的重要时期。

当年雨果全家租住在今天的三楼。一个基本的情况，是雨果当年居住的寓所和今天的中国客厅没有丝毫联系，两者是风马牛不相干的事情。我们不要以为中国客厅是当年雨果家里的客厅。

历史翻过一页又一页。雨果故居的本来主人，中国客厅的真正主人，都已作古，成为故人。平心而论，朱丽叶不是妻子，却胜似妻子。更主要的事实，是中国客厅不仅是情人朱丽叶的客厅，这首先是雨果的创作，是雨果的作品，是雨果全心全意打造的一件大作品。雨果自己1863年的艺术作品，出现在1903年的雨果故居，成为今天雨果故居的一部分，也十分正常，十分合理。

中国客厅的前身是根西岛的高城仙境。这样，追本溯源，一切要从根西岛说起，从雨果在根西岛流亡说起。

1851年12月2日，路易-拿破仑·波拿巴亲王总统发动流血政变，雨果和共和派人士组织抵抗无效。11日，雨果出逃比利时布鲁塞尔。1852年8月1日，雨果离开欧洲大陆，经伦敦到达英属泽西岛（Jersey）。1855年10月15日，泽西岛政府对雨果下达逐客令；10月31日，雨果全家去更小的根西岛（Guernesey）流亡。1856年5月6日，雨果用诗集《静观集》的稿费第一次购置房产，以后取名"高城居"（Hauteville House），"高城"取自所在的街道高城街。

1856年9月11日起，雨果雇工装修新居。雨果在根西岛流亡伊始，对装修新居投入的热情，前所未有，对一个已经年过半百的老人来说，达到几乎忘乎所以的地步。他亲自遍访全岛，寻觅古旧家具，搜罗古董旧物，回来监督工匠施工，事无巨细，事必躬亲。如此这般的忘我境界，实属罕见。3年以后，1859年12月5日，高城居基本装修完毕。

一座四层的大屋子，上上下下，多少厅室，一座花园，多少树木花草，前后三年，雨果硬是把高城居从一处海盗的贼窝变成一座美轮美奂的陈列馆式的新居。雨果的长子夏尔说："一篇四层楼的手稿，一首众多房间的诗篇。"①

高城居和中国有很多关系。1927年，雨果的后代把高城居捐献给巴黎市政府。同年，德拉朗德（Jean Delalande）代表巴黎市政府去根西岛接收高城居，回来后写成研究性的报告《雨果在高城居》（*Victor Hugo à Hauteville House*）一书。德拉朗德有一个结论性的评述："在这批18世纪的英式家具中，雨果本能地找到了三种风格——哥特式风格、路易十五式风格和中国风格——雨果从这三种风格吸取灵感，用以高城居的室内装修。"② 高城居收藏了很多中国的艺术品，从来自北京圆明园的丝绸到来自广东石湾的陶狮，从雨果流亡前在巴黎收藏的中国漆门到大仲马赠送的紫铜熏炉，更有整整一条"陶瓷走廊"（couloir aux faïences）。高城居首先是一座琳琅满目的陈列馆式的故居。德拉朗德认真研究整幢高城居后，提出"至于中国，高城居的每间屋子里有中国：家具，丝织品，陶器，瓷器，木刻漆板，绘画，小瓷人……"③

此外，我们发现，高城居也有雨果创作的中国题材画。二楼的蓝厅有几幅油画的中国人物画，四楼的卧室有两幅雨果称之为"龙"的漆板。高城居的中国题材画需要专文论述，暂且按下不表。

高城居既成，雨果并无疲态，而是洋洋得意，对外高调以"装饰艺术家"自居。雨果给朋友写信说："你什么时候来根西岛，你会看到我入错了行当，我天生是个室内装饰家。"④ 雨果的自负岂止于此，雨果甚至对维奥莱-勒杜克（Eugène Emmanuel Viollet-le-Duc）说："我是个诗人，太遗憾了。我本来会是个多好的建筑师。"⑤

维奥莱-勒杜克是何许人也？维奥来-勒杜克是19世纪法国负责修复巴黎圣母院的建筑师。2019年5月16日，巴黎一场大火，烧毁的正是维奥莱-勒杜克修复的巴黎圣母院！雨果敢于叫板当年法国首屈一指的建筑大师，可见雨果装修高城居后的得意心情。雨果对自己的画家身份，低调，谦虚；雨果对自己室内装饰的才能，岂止高调，简直是得意非凡。

---

① 《高城居导游手册》，Paris – Musées，1994，12页。
② Delalande：《雨果在高城居》，Albin Michel，1947，159页。
③ Delalande：《雨果在高城居》，Albin Michel，1947，160页。
④ 转引自 Corinne Charles, *Victor Hugo, visions d'intérieur, du meuble au décor*, Paris Musées，2003，13页。
⑤ 转引自 Corinne Charles, *Victor Hugo, visions d'intérieur, du meuble au décor*, 13页。

七、雨果和"高城仙境"

高城居既成,雨果这位"天生是个室内装饰家",这位"多好的建筑师",如果有生之年,英雄再没有用武之地,再没有机会施展自己的抱负,岂不遗憾。再也没有用武之地了?非也。

没有机会,雨果就给自己创造机会;没有用武之地,雨果就亲自拉起场子,跳将进去。1863 年,雨果已过花甲之年,决定在高城街 38 号高城居的右侧,给情人朱丽叶(见图 2)在高城街 20 号修建一座高城仙境。

雨果深思熟虑,决定给情人朱丽叶建造一座新居,即以后命名的"高城仙境"(Hauteville Fairy),即高城街上的一座"仙境"。高城居是雨果为自己和为全家建造的"居";而高城仙境是为情人朱丽叶一人建造的"仙境"。高城居有三大装修风格,哥特式风格、路易十五风格和中国风格。而高城仙境却是中国风格一家独大,是中国风格的一统天下。可见,高城仙境的真实身份,是一座"中国仙境"。

早在 19 世纪 30 年代,雨果已经给朱丽叶启蒙中国文化。雨果是教导有方的老师,朱丽叶是聪慧颖悟的学生。中国文化始终是两人之间的共同语言和爱情纽带。

法国索邦大学的诺格雷特教授领导一个研究小组,把朱丽叶一生留下的 22000 份日记式的情书手稿整理和转写后,在线上出版《朱丽叶·德鲁埃给维克多·雨果的信》(ISSN:2271-8923)。这是一件具有开创性意义的研究工程,会给雨果研究提供宝贵的原始资料。我们将会看到,朱丽叶在日记式的情书里,留下很多对后人理解雨果创建的高城仙境非常重要的文字见证。

1863 年 6 月 29 日,高城仙境开始安置和装修,先装修,后付款买房。

雨果在"手记"里写道:"6 月 29 号:20 号的安置工程今天开始。普顿(Putron)是承包商和工头,戈尔(Gor)是工匠。对汤姆·戈尔(Tom Gor)下达指示。"① 一年以后,1864 年 6 月 26 日,雨果手记:"我们从今天起,在德鲁埃夫人家用晚餐。"②

1863 年 6 月 29 日开始装修新居,1864 年 6 月 26 日,新居启用,前后正好一年。雨果从 61 岁到 62 岁,一边从事文学创作,一边独自陪伴一两个工匠,倾力打造情人的新居。高城仙境比高城居小很多。1989 年 4 月初,笔者

---

① 马森主编:《编年版雨果全集》,卷 12,《根西岛手记》,1426 页。
② 马森主编:《编年版雨果全集》,卷 12,《根西岛手记》,1463 页。

图2 高城仙境的女主人朱丽叶·德鲁埃(摄于雨果流亡时期)

第一次访问根西岛和高城居，我正好下榻在高城仙境原址上改造的"朋友客栈"（Friends Guest House）。这是一幢上下三层、有地下室的小楼。可惜后人没有留下高城仙境的文字记载。小楼里只有五六张高城仙境的老照片，和一幅客厅的油画。

朱丽叶身后，高城仙境由其侄子路易·科克（Louis Koch）继承。高城仙境今天能完整地保存下来，真是奇迹。高城仙境今天在巴黎的雨果故居纪念馆三楼，现在叫"中国客厅"（见图3至图5）。

我们走进巴黎孚日广场6号的雨果故居，登上三楼，走进中国客厅。建筑师雨果建成的"仙境"，室内装修家雨果装饰的"仙境"，就在我们眼前，一览无余。

图3　中国客厅的正墙西墙（选自雨果绘画展的展品目录《笔下混沌》）

1902年，巴黎市政府借雨果诞辰100周年的契机，在孚日广场6号建成雨果故居。雨果故居的建成和开张，保尔·默里斯（Paul Meurice）居功至伟，没有这位雨果的门生和挚友，就没有今天的雨果故居。默里斯不仅捐出自己全部的珍贵收藏，还成功地把根西岛的高城仙境纳入雨果故居的范畴。默里斯功莫大焉！

图4 中国客厅的南墙（选自雨果绘画展的展品目录《笔下混沌》）

如果没有默里斯的英明远见，没有他的赤胆忠心，雨果的高城仙境这件艺术杰作，这个雨果拥抱中国文化的艺术杰作，也许会湮没在历史的长河里，雨果的天才，雨果的抱负，雨果的苦心孤诣，雨果的日日夜夜，会没有留下一点痕迹，永远消失于天地之间。

默里斯成功地说服继承朱丽叶遗产的侄子路易·科克，把高城仙境出让给巴黎市政府。平心而论，把高城仙境逼仄的厅室里雨果的艺术创作，移入中国客厅宽大的空间，重新安装，能够妥妥帖帖，几乎恰到好处，没有默里斯的一番匠心，是万万做不到的。

纵观中国客厅，西、南、东三面大墙，主要有两个组成部分：一是雨果和朱丽叶购买和搜集的中国艺术品，二是雨果创作的中国题材画。

先看中国艺术品。

雨果与中国

图5　中国客厅正墙对面的东墙

中国瓷器历来是中国文化的标志。中国客厅有多少中国瓷器？有一种说法是"250 件陶瓷"（250 céramiques）①。我们至今没有看到中国客厅里中国艺术品的精确统计。

一座中国客厅由多少中国元素组成？这是个问题。

我们先要说，高城仙境和高城居不同，不是从零开始的。

雨果在1863年7月18日的手记中写道："拆卸德鲁埃夫人的家具，运到新家，今天完工。"② 可见，朱丽叶在"拉法庐"的旧宅里有家具拆卸后运到新居。我们知道，雨果装修高城居期间，一大乐趣是陪同朱丽叶逛圣彼得港码头一带的古董店，搜罗中国古董。所以，我们有理由设想，朱丽叶在"拉法庐"的旧家肯定有中国古董和中国艺术品。

现在，我们提出问题：一座中国客厅由多少中国艺术品组成？

最好有一个小组，在中国客厅的现场，认真清点和计算。迄今无人做这件事情。不得已，笔者整理2000年、2008年和2012年三次访问巴黎雨果故居

---

① *Maison de Victor Hugo*, guide général, Paris – Musées, 1993, p. 9.
② 马森主编：《编年版雨果全集》，卷12，《根西岛手记》，1428 页。

· 110 ·

时，所拍摄的全部中国客厅的照片，根据照片进行粗略的统计，结果如下（参见图 6 至图 12）。

瓷盆（assiettes）	90
瓷人（figurines）	11
瓷瓶（vases）	2
瓷缸，瓷壶（vases avec couvercle）	4
陶器（陶狮，lions en argile）	4
中国年画（estampes chinoises）	10
绢人（figurines en soie）	2
宫灯（les transparents）	1
描金漆柜（armoire chinoise）	1
描金漆凳（chaises chinoises）	6
象牙雕刻（sculptures d'ivoire）	2

图 6　中国客厅的有盖青花瓷缸，有三枚中国的锔钉

图 7　中国客厅的广东石湾陶狮

图 8　中国客厅的中国木箱

雨果为中国做了两件事

图9　中国客厅的中国宫灯

· 113 ·

图 10　中国客厅的福禄寿三星年画

雨果为中国做了两件事

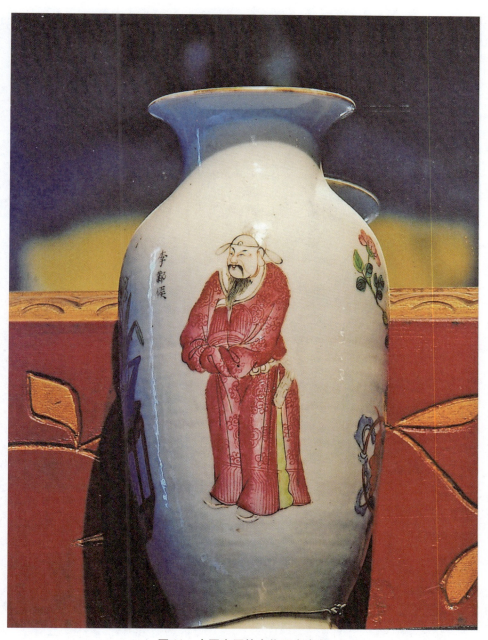

图 11　中国客厅的人物开光瓷瓶

· 115 ·

图 12　中国客厅的象牙雕刻作品

根据这份粗略的统计，共有 133 件中国艺术品。这 133 件中国艺术品是中国客厅之所以称为中国客厅的基础。雨果为这些中国艺术品创作了大量的彩绘木刻漆板。马森版《编年版雨果全集》称之为"烙画"（pyrogravures）。我们认为，"烙画"的概念，在中国和法国是相同的。即使有极个别的漆板是烙画作品，但以偏概全，把一座中国客厅里众多的漆板说成是烙画，并不符合现场看到的情况。我们建议用"彩绘木刻漆板"，简称"漆板"。

马森主编的《编年版雨果全集》有两卷雨果绘画作品，披露了一册法国国家图书馆（BnF）收藏的编号 13460 的图册[①]。这是雨果手绘的装修根西岛高城仙境的草图，是为情人朱丽叶即将入住的高城仙境装修用的。

这册编号 13460 的图册包含 19 幅草图。这些草图都是雨果的作品，统称"中国题材"。原图供工匠制成彩绘木刻漆板之用，用以装饰朱丽叶的新居高城仙境。这本图册今天能保留下来，非常难得，非常珍贵。编号 13460 图册的草图，大部分已经制成漆板，我们可以在中国客厅看到这些漆板，用草图一一对照漆板。

13460 号图册之所以珍贵，不仅仅是因为它们是雨果的手迹，还在于图册所载的这 19 幅草图，有 12 幅草图最后成为中国客厅里的 13 幅彩绘木刻漆板，有 2 幅草图在高城居卧室里两幅"龙"的漆板上找到了下落。

13460 图册只有 5 幅草图，今天没有见到相应的漆板。这给我们留下一个印象：雨果在中国客厅里数量众多的彩绘木刻漆板，不是凭空而来的。雨果有一个先画出草图再嘱咐工匠依据草图制成漆板的创作过程。

今天，这 12 幅草图制成的 13 幅漆板，或大或小，我们可以在中国客厅的四垛墙（主墙西墙，南墙西侧，南墙东侧，东墙）上看到。

这 13 幅由雨果手绘草图制成的漆板。在中国客厅分布如下。

　　主墙西墙：3 块漆板（草图 215，218，223）；
　　南墙西侧：5 块漆板（草图 220，221，228，230，231）；
　　南墙东侧：3 块漆板（草图 216，221，229）；
　　东墙：2 块漆板（草图 226 和 227）。

其中草图 221，居然一图制成两块漆板。雨果擅长移花接木，据说雨果的诗歌创作，也有类似的情况。

133 件中国艺术品，加上 80 块雨果创作的漆板，笼统地计算，一座中国

[①] 马森主编：《编年版雨果全集》，卷 17，213 – 231 页。

客厅由大约200件中国元素组成。

这就是1863—1864年间，雨果为情人朱丽叶一手创建的高城仙境，即今天巴黎雨果故居的中国客厅的组成内容。

我们统计到有超过100件的瓷器。瓷器在19世纪的欧洲是中国文化最有代表性的象征。当然，这些未必都是从中国出口到欧洲的瓷器；有的确实是从广州运来的十三行产品，而更多的是欧洲的仿制品。但是即使是仿制品，也是有心人长期锲而不舍搜求的集大成。

我们应该注意到，根西岛是英吉利海峡群岛中的一个小岛，雨果在一年左右的时间内搜集中国艺术品，时间上的确有些紧迫。中国艺术品在数量和质量上到位，是高城仙境装修的前提。我们可以设想，这些中国商品很有可能从广州十三行的作坊里，远涉重洋，来到欧洲，来到英国，再转运到根西岛，被雨果在圣彼得港码头边的古董店发现，兴冲冲买回来，放置于未来高城仙境的家里。这远不是给钱就能买到的日用品。其中的甘苦，恐怕只有雨果本人知道。

其次，我们统计到有将近80块彩绘木刻漆板。这些漆板是雨果的创作，是雨果模仿中国艺术、学习中国文化的成果。

中国客厅是一座宝库，一座雨果收藏中国艺术品的宝库，一座雨果艺术创作的宝库。

2000年，笔者出访巴黎，专诚去杜伊勒里公园（Jardin des Tuileries）拜访橘园美术馆的馆长若热尔先生。他是法国雨果研究界公认的雨果绘画专家。

我说起巴黎雨果故居的中国客厅里，有不少雨果的彩绘画，完全是中国图案。雨果从未去过中国，不可能创作出这些中国的景物和人物来，这应该是对中国图案的模仿。若热尔馆长同意这个看法，并补充说，雨果的画是对中国工艺品图案的滑稽模仿，带有幽默的风格。如一幅画上一个中国官吏坐在一盘鱼前准备进餐，右上角有文字，故意错拼成SHU－ZAN，影射情人朱丽叶的厨娘苏姗娜（Suzanne），便是一例。至于能否找到这些中国工艺品的原件，现在没有任何痕迹可寻。雨果在根西岛高城居里的中国工艺品，巴黎雨果故居中国客厅里的中国工艺品，都不是答案。看来，雨果和中国艺术的确有缘。但其中有很多没有解开的谜，或者，这些谜已经消失在历史神秘的长河中，消失在历史永恒的黑夜里，让后人寻觅，让后人感喟。①

近年来，笔者经过研究和比对，在中国客厅的中国工艺品竹丝帘画上，找到了一些雨果创作彩绘木刻漆板的原件。雨果模仿的竹丝帘画甚至和雨果创作的漆板陈列在同一面墙上，这令人意外，也令人高兴。

---

① 程曾厚：《雨果绘画研究总目和若热尔馆长》，《中华读书报》2000年10月25日。

我们目前总共发现东墙有 3 幅竹丝帘画给雨果提供灵感，创作了 5 幅彩绘木刻漆板。中国民间的竹丝帘画，雨果的手记中称为"store"。平心而论，竹丝帘作为中国的民间工艺品，通常品位不高。竹丝帘上的画是色粉画，容易剥落。

东墙左边的竹丝帘画是一幅"太上老君炼丹"图。雨果装修高城仙境，一如装修高城居，事先并没有总体的设计和规划，一般是现场发挥灵感，木匠遵命而作。雨果根据此图，创作了"二郎神"和"太上老君"两幅彩绘木刻漆画。但是，竹丝帘原图上的二郎神和太上老君两个人物，被雨果处理成两个独立的人物，分别出现在中国客厅的东墙和南墙的东侧。

东墙最右侧的一幅竹丝帘画，描写的应该是中国民间的戏曲故事，画的是使女肩挑一对红灯笼。雨果对中国的扁担产生好奇心，雨果的漆板模仿使女和她的扁担，但是雨果突出了扁担，挑的是两个行囊。

我们统计到中国客厅里有 13 块根据雨果草图制成的彩绘木刻漆板。我们还发现，在中国客厅里至少有 5 幅漆板是从来自中国的工艺品竹丝帘画借取的灵感。

但是，中国客厅里三面大墙的大量漆板，既没有草图，也没有发现中国工艺品的原图。这样的彩绘木刻漆板有 70 幅之多，大小不等，或人物，或花草和翎毛，有些人物画变形，如若热尔馆长所说，是"滑稽模仿，带有幽默的风格"。

八、中国客厅的组合艺术

中国客厅里有很多佛像、瓷瓶、瓷人和陶器。这是来自中国本土、来自广州十三行的艺术品和工艺品。

雨果不愿意让这些来自中国的佛像、瓷瓶和瓷人在高城仙境只是孤零零的存在，仅仅是单独的摆设。雨果作为造型艺术家，给中国的佛像、瓷瓶和瓷人创造一个或大或小、或简单或复杂的艺术环境，连同中国的佛像、瓷瓶和瓷人，组成一个"组合"，形成一个整体，产生一个新的艺术生命。

雨果制作底座，提供边框，或画上背景，为中国艺术品起到烘托和增色的作用。雨果拥抱中国艺术，和中国艺术合二而一。雨果施展组合艺术的时候，有时组合连上组合，组合套上组合，变化多端，层出不穷。中国艺术品是雨果组合艺术的核心，是雨果组合艺术的服务对象。

组合艺术，是雨果为中国艺术服务的艺术（参见图 13 至图 19）。

例如，主墙中心部位有一尊广东石湾的陶狮，连同以下的花卉漆板，就是一个组合（图14）。石湾陶狮的下方，有一尊木雕的金刚像，加上两侧的两只鸟和四周的花枝，组成另一个组合艺术空间。如果陶狮的组合加上金刚的组合，上下连贯，可以形成更大更复杂的组合。

图13　中国客厅的组合艺术（1）（正面西墙，请注意雨果的签名 V 和 H）

图14　中国客厅的组合艺术（2）

雨果为中国做了两件事

图15　中国客厅的组合艺术（3）：白瓷观音与花卉背景

雨果给一对白瓷观音，画了一片颇有中国风格的花卉背景（见图15）。这样的组合，远比两个小小的白瓷观音本身更有情调，更富有艺术情趣。再如，一个中国瓷瓶，加上花卉图案的木座，加上红色的花式背墙，加上两侧两丛高大的缠绕型花卉，合成一件组合艺术作品，这样一件组合作品，目的只是烘托一个来自中国的瓷瓶（见图17）。

组合艺术在中国客厅里比比皆是，尤其是主墙西墙。

图16　中国客厅的组合艺术（4）

雨果为中国做了两件事

图 17　中国客厅的组合艺术（5）：瓷瓶与背景图案

这些或大或小的艺术组合,是中国客厅的特色,是雨果的作品。只是雨果没有为这样组合的作品签名。

不,也不尽然。雨果有签名。艺术家雨果有签名,有雨果在高城仙境新创的艺术签名。不仅有如前面图13所示的分开的"Victor Hugo"的首字母"V"和"H",还有一种"合体签名"(monogramme),即把雨果姓名"Victor Hugo"的首字母"V"和"H"连体写成,如图18和图19中的签名。

图18　有雨果特色签名的组合艺术作品(南墙东侧)

雨果为中国做了两件事

图 19　有雨果特色签名的组合艺术作品（南墙西侧）

雨 果 与 中 国

中国客厅的南墙上，有两件大型的组合艺术作品，一件在西侧，一件在东侧，各在南墙两侧的中心部位。雨果在这两件大型组合艺术作品的右下方，签下自己金色的合体签名。

我们注意到，当雨果需要为自己的组合作品做这样的签名时，这会是一件不同寻常的作品。

中国客厅南墙的两侧，各有一幅大型的雨果漆板画创作。西侧的一幅是雨果为一座木刻镀金佛像添加大型华丽的佛光（见图19），东侧的一幅是雨果为另一座贴金佛像添加一个鲜花盛开的花瓶（见图18）。雨果的这两幅漆板画，人人都能看到；但是，仅仅看到雨果添加的漆板，而没有看到漆板服务的中国佛像，是只见树木，不见森林，只见局部，不见整体。

朱丽叶入住高城仙境后，一而再、再而三地感谢雨果，赞美雨果，颂扬雨果。我们看到，朱丽叶身居这座中国仙境，时时处处感受到雨果无比高超的艺术魅力，由衷感到叹服，由衷发出惊呼。

笔者的发现始于雨果金色的合体签名。艺术家为什么要签名？他要告诉世界：这是我的作品，请欣赏我的作品，请尊重我的作品。合体签名，雨果是在1863—1864年装修高城仙境的一年里首次使用。

我们走进中国客厅，走近南墙。我们注视南墙两侧的这两块漆板。

中国客厅的这两件作品，是体型巨大的艺术作品。雨果先制作小小的木制平台，安放两尊佛像，是一尊镀金的菩萨和一尊跌坐的菩萨。雨果以佛像为中心，为出发点，构造出一片艺术的新天地，或是内容奇巧的金光，或是新颖别致的建筑，上置满盆鲜花。雨果不是为自己独创的艺术天地签名，雨果和中国佛像结缘，雨果和中国文化拥抱，把佛像和自己的艺术创作合二而一，对，是合二而一，构成一座别具一格的新型艺术品。

如果仅仅看到雨果收藏的佛像，错了。如果仅仅看到雨果的艺术创作，也错了。错在只见雨果安排的树木，不见雨果成就的森林。雨果是中国艺术的收藏家，对，但不止如此。雨果在中国艺术品上面挥洒作画，对，但不止如此。雨果有大手笔，雨果是巨匠。请看雨果为这两幅作品右下角的合体签名，认真仔细注意合体签名的位置。

雨果设计这两处的合体签名，说明这是雨果的两件大手笔，是雨果的两件大创作，大大突破了雨果以前的绘画创作，进入某种新的艺术境界，开辟某种新的艺术天地，成就某种新的艺术杰作。

九、雨果和朱丽叶的文字见证

雨果为朱丽叶建造高城仙境，他在"手记"里记下建造高城仙境的始末。高城仙境的女主人朱丽叶，则反反复复评价过高城仙境。

先说雨果。

雨果的"手记"取自《根西岛手记》六册，收入马森主编的《编年版雨果全集》，《根西岛手记》由 Bernard Leuillot 教授校订。

雨果的"手记"只是生活的流水账，主要是不带感情的纪事性文字。

［1863 年］

6 月 29 日：门牌 20 号的安置工程今天开工。普顿是承包商，戈尔是工匠。给汤姆·戈尔提出要求。①

7 月 18 日：拆卸德鲁埃夫人的家具，运到新家，今天完工。（新家的安排继续进行，她 10 月入住。）②

10 月 9 日：我和朱朱去了 20 号，我布置了她卧室最后决定的方案。③

10 月 12 日：普顿的工匠们今天重新在 20 号开始上班。④

11 月 10 日：德鲁埃夫人家里用去布鲁塞尔买的 30 本金箔。还要买 6 本。（每本 2 法郎）⑤

12 月 15 日：给普顿先生付款，从 1863 年 1 月 23 日到 1864 年 11 月 16 日的全部工程款和家具款。（5 磅 10 先令 10 便士）⑥

［1864 年］

4 月 16 日：上午 10：00，法官来高城居，见证购买托马斯·多米耶（Thomas. Domaille）屋子的合同。产业使用权归德鲁埃夫人，我是零产权，房价 14400 法郎，我承担一半房价，德鲁埃夫人另一半。房价双方平分。⑦

---

① 马森主编：《编年版雨果全集》，卷 12，《根西岛手记》，1426 页。
② 马森主编：《编年版雨果全集》，卷 12，《根西岛手记》，1428 页。
③ 马森主编：《编年版雨果全集》，卷 12，《根西岛手记》，1433 页。
④ 马森主编：《编年版雨果全集》，卷 12，《根西岛手记》，1433 页。
⑤ 马森主编：《编年版雨果全集》，卷 12，《根西岛手记》，1436 页。
⑥ 马森主编：《编年版雨果全集》，卷 12，《根西岛手记》，1440 页。
⑦ 马森主编：《编年版雨果全集》，卷 12，《根西岛手记》，1455 页。

4月18日：我向多米耶先生付了购买他房子的我的部分（零产权），总数7000法郎。①

6月11日：戈尔和琼斯在多米耶房子里的工程结束了。他们今天把工具带走了。②

6月14日：我们今天最后一次在拉法庐吃晚饭。德鲁埃夫人最后一夜在此过夜。明天6月15日，她将入住属于她自己的家里（1855年的高城居，多米耶的房子）。买了4个中国小雕像，送给朱朱2个。③

6月26日：从今天开始，我们在德鲁埃夫人家吃晚饭。我给苏珊娜（朱丽叶的厨娘）一套银餐具。④

10月27日：今天是1864年10月27日，德鲁埃夫人给多米耶先生付了她那部分的房价（高城街22号）——7600法郎，包括房价和费用，她是房产受益者。我的部分已经付清。⑤

再说朱丽叶。

朱丽叶是未来高城仙境的女主人，她的见证文字是感性的文字。

雨果和朱丽叶相爱半个世纪，但是，他们的世纪爱情并不总是阳光灿烂，有时也会出现阴霾的天气，甚至刮风下雨。1863年，雨果决定为朱丽叶购置高城仙境的房产，把一座高城仙境建成一座中国仙境，朱丽叶称之为"一首真正的中国诗"。从朱丽叶的情书内容看，1863—1864年，即购买和装修高城仙境的这一年，大概是雨果和朱丽叶终生相爱的黄金时代。朱丽叶的见证，不仅对理解高城仙境和中国客厅有重要的意义，对法国文学史上被传为美谈的雨果和朱丽叶的爱情生活，也有非同寻常的意义。

根西岛［18］63年7月13日，星期二，下午2：30

……我很遗憾，我伟大的小摆设收集者，我昨天没有时间对你说，我对你在我的新居里安排所有这些美丽、漂亮和可爱的东西有多么心醉，有多么神迷，有多么感动。⑥

---

① 马森主编：《编年版雨果全集》，卷12，《根西岛手记》，1455页。
② 马森主编：《编年版雨果全集》，卷12，《根西岛手记》，1460页。
③ 马森主编：《编年版雨果全集》，卷12，《根西岛手记》，1461页。
④ 马森主编：《编年版雨果全集》，卷12，《根西岛手记》，1463页。
⑤ 马森主编：《编年版雨果全集》，卷12，《根西岛手记》，1470页。
⑥ 马森主编：《编年版雨果全集》，卷12，1316页。

根西岛［18］63年7月30日，星期四，上午7：30

我爱你。这句渺小的话对我来说，充满天地之间，除此之外，别无其他。要说有，看到你用一切美好的事物装饰我未来的住家，我只有深情和目眩神迷的感激。我要住在这间完全由你建成的卧室里，仿佛雌性的绒鸭住在用她的雄鸭最柔软和最珍贵的羽绒铺成的窝里。我似乎看到你创造的每一个奇迹，都是你的爱情，这使得这间卧室对我加倍的美丽和迷人。①

根西岛1863年8月6日，星期四，上午7：45

……我亲爱的好男人，我得要谢谢你为我的卧室所做一切美好的东西，这间卧室不仅对人人令人惊叹，对我更像是一座神庙，神圣和令人崇敬，因为有你的思想化为艺术，无所不在……

说了这些，总而言之，我再说说我对这间神奇卧室的赞美之情，这是一首真正的中国诗，我们以前的朋友李祖（Li-Zou）会毫无保留地完完全全赞同的。我感到幸福，我以我爱情的全部力量再说：我对此目眩神迷，我幸福，我感激……②

根西岛［18］63年10月23日，星期五，下午2：30

不过，我先要对你微笑，我要谢谢你为我造一间女神住的卧室所付出的全部辛劳。我希望我俩的幸福在此地和和美美，不思离开，我俩的生活天长地久，幸福美满，不离不弃，心贴着心，灵魂交融。③

根西岛［18］63年10月28日，星期三，傍晚5：00

不过，我亲爱的亲亲，我的心充满了爱情、敬仰、幸福和感激。你真好，你好可爱，我的好亲人，我都无法对你说，这些都是真的，而且言辞不足以表达我感受到的对你高尚善意的敬重。你有一切美好、崇高、神圣的天赋。你是杰出的天才，你是我的好亲亲。我希望每天这样在尘埃和油漆味中上班，不要太累着你，不会让你脑袋发痛。你千辛万苦要让我美丽……就是说让我的屋子，而这又如此成功！再也不会有人看到如此美丽，如此新奇，又如此诗意的东西。就是奥古斯都总督夫人本人，也远远不如你的这套中国题材的装饰。多么奇妙的奇迹！想到你做成的这一切是为了

---

① Edition des *Lettres* de Juliette Drouet à Victor Hugo, ISSN: 2271 – 8923.
② 马森主编：《编年版雨果全集》，卷12，1316 – 1317页。
③ Edition des *Lettres* de Juliette Drouet à Victor Hugo, ISSN: 2271 – 8923.

我！真的，我都几乎不好意思了，亲爱的亲爱的亲亲，我还要对你说，你多伟大，你有多好。①

根西岛［18］63年11月3日，星期二，上午8：00
此刻，你在我家里装修得美丽加上美丽，豪华加上豪华，这样我以后都不敢进去住了，这座宫殿更像是为一个年轻的仙女盖的，而不是为一个像我这样的老妇人盖的。我在想象这个你创造的奇迹会是我们在天堂里的住房，会变得不再像是现在的样子。从今以后，我把它当成我们爱情的神庙，我此生在庙里可以时刻崇拜你。你是神庙的建筑师，又是神庙里的神。我心里热乎乎的，我怕我的心会涌起无止无境的话来，可我爱你，我爱你，我爱你胜于自己的生命。②

根西岛［18］63年11月20日，星期五，上午8：00
可这是多美的家！多美的家！！多美的家！！！多美的房间！多美的饭厅！多美的客厅！我事先就赞美，就感激，都要大声喊了，是我爱情多美的宫殿，是我幸福多美的天堂！多美的一切，一切的多美！我吻你的眼睛，吻你的嘴，吻你的脚，吻你的手和其他。我太喜欢你了。③

从雨果提到高城仙境的手记看来，尤其是从朱丽叶日记式的情书看来，高城仙境是雨果一生生活中的一件大事，是一件和高城居相提并论的大事。高城居的体量比高城仙境大，除了这一点，高城仙境在各方面的重要性不亚于高城居。高城居是雨果为全家、当然首先雨果为自己建造的。高城仙境是为情人朱丽叶一人建造的，"仙境"（fairy）对"居"（house）而言，"仙境"更富艺术性，更有独创性，雨果画家和室内装修艺术家的身份更加突出。高城居里各间厅室都有中国艺术品，高城仙境也有满满当当的中国艺术品。高城居是雨果的大部头作品，是鸿篇巨制，是"一篇四层楼的手稿，一首众多房间的诗篇"（雨果长子夏尔·雨果语）。④ 而高城仙境是雨果精雕细镂的艺术作品，是雨果的"思想化为艺术"（朱丽叶语），是法国作家雨果谱写的"一首中国诗"。

---

① Edition des *Lettres de Juliette Drouet à Victor Hugo*, ISSN：2271–8923.
② Edition des *Lettres de Juliette Drouet à Victor Hugo*, ISSN：2271–8923.
③ Edition des *Lettres de Juliette Drouet à Victor Hugo*, ISSN：2271–8923.
④ 《高城居导游手册》，Paris–Musées，1994，12页。

十、雨果为中国做了两件事

中国客厅大致由 130 件中国艺术品和 90 件雨果创作的彩绘木刻漆板组成。这 130 件中国艺术品和 90 件雨果创作的漆板之间的关系，不是随便罗列，无序杂陈，而是主次分明，秩序井然。两者是中心和从属的关系，是服务和被服务的关系。这是 90 块雨果的漆板为 130 件中国艺术品服务的关系，是艺术家雨果为中国文化服务的关系。我们更愿意说，是雨果和中国文化结合和融合的关系。中国客厅是雨果拥抱中国文化、拥抱中国的大制作。

雨果身为作家，代表人类的良心，为捍卫中国文化写下了一篇历史檄文《致巴特勒上尉的信》。雨果作为艺术家，给情人朱丽叶启蒙中国文化，花费一年的时间、精力和金钱，"每天这样在尘埃和油漆味中"（朱丽叶语）和工匠一起打造一座高城仙境，一座"中国仙境"，成为两人爱情的神庙和天堂。

雨果写了一封信，雨果造了一座客厅。概而言之，这是雨果为中国做的两件事。作家雨果，画家雨果，都是中国人的朋友雨果。每个中国人，都应该读读雨果的这封信，花十分钟时间就够了。每个中国人，希望都有机会去法国巴黎，看看雨果的这座中国客厅。

朱丽叶是高城仙境的女主人，当年只有她一个人享受这座中国仙境。

今天，中国客厅向全世界开放，向中国人开放。走进中国客厅，就是走进雨果打造的中国仙境。朱丽叶发自肺腑的一声声赞美，一声声惊叹，朱丽叶眼中的神庙和天堂，朱丽叶笔下的"中国诗"，难道还不足以让后世对这座中国客厅产生一点好奇心吗？

去巴黎旅行的中国人，路过巴黎的中国人，希望都能去巴黎孚日广场 6 号，参观世界著名作家雨果的故居，走上三楼，看看雨果亲自创建的高城仙境，今天叫中国客厅。

雨果是中国人熟悉和敬仰的法国作家。我们请世界文学的经典作家雨果，请《悲惨世界》和《巴黎圣母院》的作者雨果，转过身来。我们看到雨果也是"坚定热爱中国的作家"（热拉尔·普香语）。一生挚爱和捍卫中国文化的雨果向我们走来，写下《致巴特勒上尉的信》的雨果向我们走来，创建中国客厅的雨果向我们走来。中国文化为雨果的名字自豪。雨果是中国人民和法国人民共同的宝贵财富。雨果是中法两国人民友谊的象征。

笔者回顾自己认识雨果、认识雨果这个中国人民的伟大朋友，回顾自己研究雨果、研究雨果和中国文化丰富多彩的关系，前后经历了一个漫长的过程，从 1962 年算起，到 2020 年 10 月，将近半个世纪了。

雨果与中国

1962 年，"雨果不失为中国人民的伟大朋友"[①]

2002 年，"雨果是中国人民的伟大朋友"[②]

2017 年，"我们要共同研究雨果这份宝贵的文学遗产和艺术遗产。我们要共同珍惜雨果这笔中法两国人民共同拥有的宝贵财富。"（见《雨果故居和中国艺术》未刊稿）

2018 年，"中国文化为雨果的名字自豪"[③]

2019 年，"雨果是中国人民受苦受难时的捍卫者"[④]

2020 年 10 月，《雨果为中国做了两件事》

法国作家安德烈·莫洛亚在 1952 年出版的《雨果传》"卷首语"中说："在我一生的岁月里，我不断发现他天才中有一些新的方面。"

1985 年，法国隆重纪念雨果逝世 100 周年。1988 年年底，笔者在巴黎见到巴黎第七大学的纪·罗萨（Guy Rosa）教授。他告诉我，1985 年，法国的雨果研究专家做成了一件事情——法国人民第一次获知：雨果还是一位画家。雨果给后世留下了 3000 多幅绘画作品。雨果的绘画和 20 世纪的法国美术思潮有相通之处。

雨果的天才里还有"新的方面"吗？

今天，我们生活在 21 世纪的初期。法国有雨果研究专家发现，雨果是一个"坚定热爱中国的作家"。笔者经过努力和探索，在法国雨果研究专家的协助下，对《致巴特勒上尉的信》展开研究，取得成果；在巴黎雨果故居历任领导（参见图 20）的理解和协助下，我们走进根西岛的雨果流亡故居高城居，看到雨果丰富的中国艺术品收藏；我们走进巴黎的雨果故居，发现一座雨果拥抱中国文化的中国客厅。

[①] 程曾厚：《艾尔琴、圆明园与帕特农神庙》，上海《文汇报》1962 年 8 月 4 日，3 版。

[②] 程曾厚：《雨果是中国人民的伟大朋友》，《中华读书报》2002 年 4 月 17 日，24 版。

[③] 程曾厚：《中国文化为雨果的名字自豪》，收入上海明珠美术馆编著《维克多·雨果，天才的内心》，文汇出版社 2019 年版。

[④] 程曾厚：《雨果是中国人民受苦受难时的捍卫者》（"Victor Hugo défenseur du peuple chinois opprimé et humilié"），收入 2019 年 11 月 15 日古巴哈瓦那国际雨果学术会议论文集《维克多·雨果是和平的预见者》（*Victor Hugo visionnaire de Paix*），论文原文是法文，附有西班牙文译文。

图20　2018年笔者和雨果故居时任馆长奥迪奈先生在上海合影

雨果的天才里有一个角落，盛满了对中国文化和艺术的崇敬之情。雨果的心中，有一个美丽的中国梦。

雨果的高城居见证了雨果室内装修家的成就。雨果的高城仙境反映了雨果艺术家的追求和画家的才华，以及拥抱中国文化的热情。

图21　法国小学生在雨果故居的中国客厅上课

雨果与中国

笔者曾经翻译莫洛亚的《雨果传》，洋洋616页（浙江大学出版社版，2014）；笔者还是让-贝特朗·巴雷尔的《雨果传》（上海人民出版社，2007，原名《雨果的生平和创作》）的译者。莫洛亚的《雨果传》是名著，贝特朗的《雨果传》是一部信息量很大的传记。但是，这两部"雨果传"都有同样的瑕疵：缺少了两个字——"中国"。莫洛亚和贝特朗在自己书中，都只字没有提到雨果和中国的关系。莫洛亚详细介绍高城居，却没有关心高城居里中国艺术的收藏。这位细心的传记作家，对雨果的高城仙境只说了一句话："他还为朱丽叶的新居'高城仙境'配置家具。"[①]

法国的作者为法国的读者写《雨果传》，只字不提巴黎雨果故居的中国客厅和中国客厅的创建者雨果，不免有疏漏之嫌。这也是目前出版界出版《雨果传》的一个小小的通病。

---

① 莫洛亚：《雨果传》，程曾厚、程干泽译，浙江大学出版社2014年版，464页。

雨果画中国*

"雨果画中国"的意思是:画家雨果,画了很多中国题材的画,称作"中国题材画"。

1984年2月26日,雨果182周年诞辰,《人民日报》国际版刊出《文明与野蛮——雨果谴责英法联军焚毁圆明园的一封信》。《人民日报》的读者这才知道,法国作家雨果是中国人民的朋友。笔者作为雨果信的译者,从此开始雨果和中国关系的探索和研究。

雨果一生始终在关注遥远中国的命运。1827年,雨果25岁,还是文坛初露头角的青年作家。雨果写道:"文明如同白昼,文明的曙光从东方升起……中国有象形文字,有火炮和印刷术。"1842年,雨果39岁,在游记《莱茵河》的"结论"里说:"英国在企图毒害,至少是企图催眠中国之后,此时此刻,正在猛力攻打中国。"东方中国发生的事情,已经进入雨果的视野。鸦片战争的本质是"毒害"中国人民。雨果的关注,雨果的分析,让我们钦佩,让我们感动。

19世纪30年代,雨果做了一件令人意外的事情:给情人朱丽叶·德鲁埃启蒙中国文化。1837年,朱丽叶31岁,雨果35岁,6月29日,朱丽叶给雨果写信:"要对你说我爱你,一句话够了,可是要对你说我爱你爱到什么程度,那我需要一张比中国长城更大的纸。"这是多么辽阔、多么深沉和多么壮丽的情话。

1860年,雨果58岁,在他的《见闻录》里留下两则"见闻"。其一:"欧洲正以大肆劫掠的方式,把文明传入中国。"其二:"此时此刻,欧洲正在砸碎中国。这个可怜的大花瓶,早已是满身裂痕了。"1842年的"此时此刻"对应第一次鸦片战争,1860年的"此时此刻"指第二次鸦片战争,指英法联军劫掠和焚毁圆明园。

1863—1864年,雨果已是花甲老人。雨果全面梳理自己对艺术的思考,写成《莎士比亚论》。由于材料过于丰富,雨果留下没有被收入《莎士比亚

---

* 本文作于2020年。

论》但已经成文的片段。我们在一篇《趣味》里读到:"这个至高无上的趣味……把东方分成了两部分,高加索的一半是'理想'的出发点,西藏的一半是'幻想'的出发点。由此产生了两首巨大的诗篇。此地是'太阳神',那儿是'龙'……这两个世界属于最高的趣味,标志出这最高趣味的两极。这最高趣味的一端有希腊,另一端有中国。"

1870年春,雨果68岁。法国拿破仑三世举行"全民公决",以求巩固摇摇欲坠的第二帝国。4月27日,雨果表态:"反对。回答就是两个字……联合英国给中国看看欧洲这个文物破坏者的形象,用我们的野蛮行径让野蛮人目瞪口呆,和损毁帕特农神庙的额尔金的儿子合伙焚毁圆明园……"

1875年11月8日,雨果73岁,出版政论文集《言行录》第二卷(《流亡中》),第一次发表《致巴特勒上尉的信》:

> 在世界的某个角落,有一个世界奇迹:这个奇迹叫圆明园……一个几乎是超人的民族的想象力所能产生的成就尽在于此……请又是诗人的建筑师建造一千零一夜的一千零一个梦……希腊有帕特农神庙,埃及有金字塔,罗马有斗兽场,巴黎有圣母院,东方有圆明园……这个奇迹已经消失了……有一天,两个强盗进入了圆明园,一个强盗洗劫,另一个强盗放火……在历史面前,这两个强盗,一个将会叫法国,另一个将会叫英国。我先要提出抗议……我希望有朝一日,解放了的干干净净的法兰西会把这份赃物归还给被掠夺的中国。

雨果一生写下了很多文字,和中国历史、中国文化、中国艺术相关,但就内容之重,篇幅之长,爱憎之分明,思想之全面和完整,甚至文字之优美,这封信无出其右。这封信是雨果和中国关系的核心。《致巴特勒上尉的信》是雨果一生中国情结的美丽绽放,是雨果一生中国情结的盛大喷发。研究雨果和中国文化,首先就是研究《致巴特勒上尉的信》。

2010年是圆明园罹难150周年。2010年2月24日,笔者在《人民日报》刊出《请记住雨果的"我抗议"》。10月,笔者在中华书局出版《雨果和圆明园》。10月27日,中央电视台第10频道开始播出五集《园殇》;10月30日,第4集《圆明园悲歌》播出对笔者的访谈。

2018年,人民教育出版社出版的九年级上册《语文》,收录了《就英法联军远征中国致巴特勒上尉的信》(见图1)。教材由教育部审定,是我国的义务教育教科书。

雨果画中国

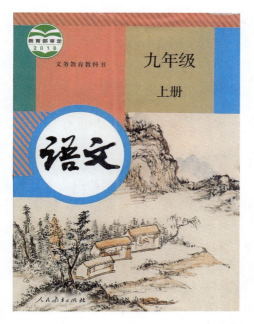

第二单元

本单元所选的都是议论性文章。它们或读人生，或议社会，或论教养，无不闪耀着思想的光芒。作者在阐述观点时，有时直接阐释道理，有时运用材料进行论证，论述严密，说服力强。阅读这类文章，可以深化我们对社会、人生的认识，提高思辨能力。

学习这个单元，要了解议论性文章的特点，把握作者的观点，区分观点和材料，理清论证的思路，学习论证的方法。

7 就英法联军远征中国致巴特勒上尉的信①

雨 果

雨 果

预习

◎ 法军上尉巴特勒，在英法联军劫掠圆明园之后，给大文豪雨果写信，征询他对所谓"远征中国"的看法。想一想，雨果会怎样回答他呢？

◎ 朗读课文，注意体会作者富有激情和想象力的语言。

先生：

你征求我对远征中国的意见。你认为这次远征是体面的、出色的。多谢你对我的想法予以重视。在你看来，打着维多利亚女王②和拿破仑皇帝③双重旗号对中国的远征，是由法国和英国共同分享的光荣，而你很想知道，我对英法的这次胜利会给予多少赞誉。

既然你想了解我的看法，那就请往下读吧：

在世界的某个角落，有一个世界奇迹。这个奇迹叫圆明园。艺术有两个起源，一是理想，理想产生欧洲艺术；一是幻想，幻想产生东方艺术。圆明园在

---

① 选自《雨果文集》第十一卷（人民文学出版社2002年版）。程曾厚译。有改动。雨果（1802—1885），法国作家。代表作品有小说《巴黎圣母院》《悲惨世界》《九三年》等。

② [维多利亚女王（1819—1901）] 英国女王，1837—1901年在位。

③ [拿破仑皇帝] 指路易·拿破仑·波拿巴（1808—1873），即拿破仑三世，法兰西第二帝国皇帝，1852—1870年在位。他在位期间，曾发动对中国、越南、叙利亚、墨西哥的侵略战争。

图1 2018年九年级上册《语文》课本，收录雨果的《就英法联军远征中国致巴特勒上尉的信》

雨果与中国

雨果的《致巴特勒上尉的信》从1984年在《人民日报》刊出，到2018年入选教育部审定的义务教育教科书，经历了一条不平凡的路。雨果的精神，雨果的思想，使我们感动，让我们震撼。雨果的文字，让我们欣赏，要我们学习。雨果泉下有知，看到他一生挚爱的中国的青少年在捧读他的《致巴特勒上尉的信》，定会颔首微笑。

雨果是作家，是政论家，是文艺评论家。多才多艺的雨果还有其他天赋吗？

有。雨果是画家。雨果生前已有画家的美名。1985年，雨果逝世100周年，法国民众终于知道雨果的绘画天才。雨果一生留下3500幅绘画，主要是水墨画。2000年，巴黎雨果故居举办规模盛大的雨果绘画展——"笔下混沌"。

画家雨果和中国文化有没有关系？如果有关系，是什么性质的关系？这是前人没有关注过的课题。画家雨果和中国文化的关系，主要体现在雨果的两处故居：根西岛的流亡故居高城居和巴黎的雨果故居。

2000年7月3日，笔者访问巴黎的雨果故居，受到总馆长莫里纳利夫人的友好接待（见图2），开始了笔者"画家雨果和中国文化"的研究。

图2　2000年笔者和雨果故居总馆长莫里纳利夫人合影

在1989年4月，笔者有幸从法国跨海去英吉利海峡群岛的根西岛，第一次以游客的身份，参观雨果创作《悲惨世界》的高城居。2008年9月，我以研究者的身份，第二次访问高城居。雨果于1856—1859年耗费三年时间，把一处海盗的贼窝改造成一座陈列馆式的高城居。德拉朗德在其《雨果在高城居》一书中提出："在这批18世纪的英式家具中，雨果本能地找到了三种风格——哥特式风格、路易十五式风格和中国风格。"又说："至于中国，高城居的每间屋子里有中国：家具，丝织品，陶器，瓷器，木刻漆板，绘画，小瓷人……"笔者两次访问，充分见证了德拉朗德的论述。雨果在高城居购买并布置了大量的中国艺术品。最为引人注目的是二楼的红厅，有直接来自圆明园的丝绸。雨果手记："（1865年）3月23日：买下一大批中国的丝织品，卖主是个参加远征军的英国军官，东西是他从中国皇帝的圆明园抢来的。"

高城居中和红厅一板之隔的蓝厅里，中国艺术品琳琅满目。四楼雨果小小的卧室，不多的家具和摆设，几乎是一间中国卧室。高城居底层有整整一条"陶瓷廊"，直通花园，广东佛山石湾的陶狮歪着大脑袋笑迎来客，而水池边探出一个硕大的中国龙头。

就画家雨果和中国文化的关系而论，高城居的雨果主要是中国文化的仰慕者和中国艺术品的收藏家。

高城居既成，平生低调的雨果洋洋得意，给朋友写信："你什么时候来根西岛，你会看到我入错了行当，我天生是个室内装饰家。"雨果更"叫板"法国首屈一指的建筑师："我是个诗人，太遗憾了。我本来会是个多好的建筑师。"

雨果"天生是个室内装饰家"，这位"多好的建筑师"，余生还有用武之地吗？

有。1863年，雨果61岁，决定在高城街38号的高城居右侧的20号，给情人朱丽叶建造一座高城仙境。前后整整一年，雨果在工地上，陪伴并监督工匠，每日与斧凿声和灰尘为伍，一心一意扑在未来的高城仙境里。高城居有三大装修风格，而高城仙境却是中国风格一家独大，是中国风格的一统天下。高城仙境的真实身份，竟是一座"中国仙境"。

今天高城街上已经没有高城仙境的痕迹。雨果一手创建的高城仙境，雨果的这件艺术作品，会在人间湮没无闻吗？

没有。1903年，巴黎孚日广场的雨果故居开张。雨果的弟子和遗嘱执行人默里斯成功地把根西岛的高城仙境完整地搬来巴黎，重新拼装，成为巴黎雨果故居三楼的常设展览，叫"中国客厅"。

先说雨果中国客厅的收藏。我们根据2000年、2008年和2012年三次访问巴黎雨果故居时从现场拍摄的照片，统计到中国客厅大约有 130 多件中国艺术品。这些中国元素是中国客厅的基础。宫灯、牙雕、佛像、瓷瓶、瓷盆、陶狮、描金漆柜和漆凳，都是中国风格明显的艺术品。我们注意到，中国艺术品未必都是广州十三行出口的中国产品，可能有一部分是欧洲和英国本地的仿制品。

再说雨果在中国客厅的创作。中国客厅里，有大约 80 块彩绘木刻漆板，即由雨果作画、再由木匠据图制成的漆板。

马森版的 18 卷《编年版雨果全集》最后两卷，即第 17 卷和第 18 卷，收录雨果的绘画创作。《编年版雨果全集》披露了法国国家图书馆收藏的编号 13460 的图册。这是雨果亲自画的 19 幅草图，供装修高城仙境之用。13460 号图册之所以珍贵，不仅因为它们是雨果亲手所画，更在于其中有 12 幅草图最后成为中国客厅里的 13 块漆板。

笔者反复比对中国客厅的中国民间工艺品竹丝帘和雨果的彩绘木刻漆板创作，不无收获。东墙左侧有一幅《太上老君炼丹图》的竹丝帘（见图 3），引起画家雨果的兴趣，他据此创作了两幅独立的漆板，一幅《二郎神》就在原竹丝帘的上方（见图 4），另一幅《太上老君》在南墙的西侧（见图 5）。

图 3　中国客厅东墙有中国竹丝帘画《太上老君炼丹图》

图4　中国客厅东墙的《太上老君炼丹图》的上方，
　　　就是雨果的彩绘漆板《二郎神》

图5　中国客厅南墙西侧，
有雨果的彩绘木刻画《太上老君》

雨果与中国

我们先是统计到中国客厅里有 13 块根据雨果草图制成的漆板。我们还发现中国客厅至少有 5 块漆板，灵感来自客厅里的 3 幅中国竹丝帘。

130 件中国艺术品的收藏，也许说不上是中国客厅的特色。80 块大大小小的彩绘木刻漆板，是雨果的创作，也许也还不是中国客厅的最大亮点。中国客厅的最大特色是什么？

请认真和细细察看中国客厅里摆放中国艺术品的位置。中国客厅里的佛像、瓷瓶、瓷人，甚至是陶狮，都是来自中国本土的艺术品。在艺术家雨果的眼里，它们不应该是普通的平常摆设。雨果给每一件佛像、瓷瓶和瓷人，创造一个或大或小、或简单或复杂的艺术环境，连同这些佛像、瓷瓶和瓷人，形成一个整体，构成一个艺术组合，产生一个新的艺术生命。

雨果或制作底座，或绘制边框，或画上背景，为来自中国的艺术品起烘托和增色的作用。这样，画家雨果拥抱中国文化，画家雨果和中国文化合二而一。中国艺术品是艺术组合的核心，是艺术组合的服务对象。

中国客厅的艺术，是为中国文化服务的艺术。

例如，主墙的中心部位有一尊陶狮，连同下面的漆板，就是一个艺术组合。陶狮下方，有一尊木雕的金刚像，连同两侧的两只鸟和四周的花枝，组成另一个艺术空间。如果陶狮的组合加上金刚的组合，上下连贯，可以形成更大更复杂的组合。雨果为一对白瓷观音，画了一幅颇有中国韵味的花卉背景。这个艺术组合，远比两个小小的白瓷观音更有情调，更富有艺术情趣。

中国客厅这样的组合艺术比比皆是，尤其是主墙西墙。这些组合艺术的作品，才是中国客厅的真正特色；它们是画家雨果的作品，只是画家没有签名而已。

不！也不尽然。画家雨果有签名，尤其有雨果在建造高城仙境时期新创的特色签名：合体签名，即把雨果姓名"Victor Hugo"的首字母"V"和"H"连体写成。中国客厅有两件大型的组合艺术作品，一件在南墙西侧，一件在南墙东侧。雨果在这两件大型组合艺术作品的右下方，签下自己金色的合体签名。

艺术家、画家，为什么要在自己的作品上签名？因为他要告诉世界：这是我的作品，请欣赏我的作品，请尊重我的作品。南墙西侧，一尊镀金的木雕佛像，脚踩多达五层的莲座。雨果先为佛像制作一座金边的木质平台，再以佛像为出发点，创造出一大片奇巧绚丽的金色佛光，组成一片组合艺术的新天地，最后在右下方签下自己金色的合体签名。

1863 年 6 月 29 日，高城仙境开始装修；1864 年 6 月 15 日，高城仙境完成。高城仙境的女主人是朱丽叶·德鲁埃。朱丽叶对属于自己的高城仙境有何感受，作何感想？

　　早在1863年8月6日，朱丽叶给雨果写道："……我亲爱的好男人，我得要谢谢你为我的卧室所做的一切美好的东西，这间卧室不仅对人人令人惊叹，对我更像是一座神庙，神圣而令人崇敬，因为有你的思想化为艺术，无所不在……我再说说我对这间神奇卧室的赞美之情，这是一首真正的中国诗。"

　　1863年10月28日，朱丽叶写道："再也不会有人看到如此美丽，如此新奇，又如此诗意的东西。就是奥古斯都总督夫人本人，也远远不如你的这套中国题材装饰。多么奇妙的奇迹！"

　　作家雨果为中国写了一封信，画家雨果为中国造了一座客厅。概而言之，这是法国作家雨果为中国做的两件事。作家雨果，画家雨果，都是中国人的朋友雨果。

　　雨果是中国人熟悉和敬仰的法国作家。我们请世界文学的经典作家雨果，请《悲惨世界》和《巴黎圣母院》的作者雨果，转过身来。我们看到一生挚爱和捍卫中国文化的雨果向我们走来，写下《致巴特勒上尉的信》的雨果向我们走来，创建中国客厅的雨果向我们走来。中国文化为雨果的名字自豪。雨果是中法两国人民友谊的象征。

附录一

法国驻广州总领事章泰年（Jean-Raphaël Peytregnet）先生在程曾厚教授授勋仪式上的讲话[*]

尊敬的程教授，
尊敬的各位老师，
亲爱的朋友们：

感谢各位来宾今天的光临，我非常高兴为程曾厚教授颁发法国国民教育部的法国教育骑士勋章。

可能有些来宾对法国教育勋章还不是很了解，请允许我先简单介绍一下：

法国教育勋章于1808年3月17日由拿破仑皇帝颁布法令设立。

与法国教育勋章相关的工作由勋章委员会管理，法国国民教育部领导。

法国教育勋章授予在大学的教育、研究和技术方面作出重大贡献的法国和外国教育界人士。

法国教育勋章分为3级：骑士勋章、第二荣誉勋位和第三荣誉勋位，由法国国民教育部批准颁发。

因此，获得法国教育勋章是一种非常难得的荣誉，在外国，只有那些在和法国的教育合作交流方面作出特殊贡献的专家才能获此殊荣。

所以，我今天非常高兴能够将这样的荣誉授予程教授。

其实我们深知，程教授40多年一直致力于法语教育以及法国语言、文学和文化方面的推广。

程教授在北京完成学业后，先后在中国两所最负盛名的大学任教：经过三十几年在南京大学的教学生涯后，1995年来到中山大学，这是我们的幸运。

但是您的工作远远不止在教学方面，因为我知道，多年来您花费了大量的时间和精力对维克多·雨果的著作和法国诗歌进行了深入细致的研究，成为该

---

* 2007年12月19日，法国驻广州领事章泰年先生为程曾厚颁发法国国民教育部法国教育骑士勋章，并致辞。

领域最知名的专家之一。

因此我们非常荣幸在广州能够拥有一位像您这样的专家。

法国驻华大使馆、法国驻广州总领事馆和广州法语培训中心不会忘记您2002年在广州为纪念雨果诞辰200周年所做的工作，正是由于您的大力合作，使得一系列纪念活动获得了圆满成功。

法国政府感谢所有像您一样帮助法国政府在世界各地运用自己的学识积极推广法国语言、文学和文化的人员。

您的贡献表现在各个方面，特别是开设了"法国文化漫步"的公共选修课，使众多学子能够更深入地了解法国的文化遗产。

法国驻广州总领事馆非常高兴地将您列为我们在加强法中两国关系方面最突出的法语合作伙伴。

我谨代表法国驻广州总领事馆、法国驻华大使馆和法国政府对您几十年来的工作表示衷心的祝贺，对您孜孜不倦地推广法国语言和文化表示衷心的感谢。

（总领事馆文化处秘书提供的现场口译中文稿）

附录二

法国滨海塞纳省省长帕斯卡尔·马丁（Pascal Martin）的颁奖词*

如果说雨果是"中国人民的伟大朋友（好朋友）"，那肯定地说程曾厚是雨果的好朋友，我们要在这次展览会的范围内，向为这次展览的成功作出重大贡献的他表示十分深切的谢意。

程教授，您1937年出生在江苏的无锡。您先后在南京大学和您今天所在的广州中山大学外国语学院执教法国文学。

可以说，您真是把自己的一生奉献给法国文学，尤其是奉献给雨果。您是中国最杰出的雨果行家和译者。您最近又以惯有的幽默感宣称："35年来，我翻译了雨果的300首诗篇，22000行诗句。译诗的手稿都在，3000页，重10公斤。"

2002年，您是广州雨果诞辰200周年纪念活动的中法双方的协调人。您在当年的纪念活动期间，撰写了两篇有影响的文字，我们的展览大量引用了您的有关内容：《巴特勒上尉是谁？——论雨果有关圆明园的一封信》（法文）和《雨果是中国人民的伟大朋友》。

1989年，您第一次访问维勒基埃的时候，给纪念馆留下了您令人感动的见证：一幅用传统好纸写的书法作品，写的是译成中文的《明天天一亮，正当田野上天色微明》。

我们十分高兴在这次展览会上，展出这幅在纪念馆已经精心保存了将近30年的美丽的书法作品。

您前不久又坦言，您的一生做了三件事情：

第一，翻译了35000行法国诗歌的诗句；

第二，写了一部主题为"巴黎及其120个名胜古迹"的书。的确，巴黎是您又一个心中的所爱。

第三，您写《雨果和中国文化》的巨著，您刚刚完成第四卷，题为《大

---

* 2018年4月24日，法国滨海塞纳省向程曾厚颁发荣誉勋章，省长在颁奖会上致辞。

事记》。

教授先生,您对雨果的热爱,您通过这位伟大作家在法国文化和中国文化之间架起的桥梁,我们法国人对此由衷感到尊敬和欣赏。

在结束之前,我还想引用您说的话,"雨果,更确切地说,是雨果对中国怀有的爱,是我们两国人民的共同财富。我们中国人民和法国人民,应该继承雨果的文学和艺术作品这份遗产,要永远珍藏两国人民共同拥有的这份财富"。

程教授,我十分高兴,我也很自豪,我以滨海塞纳省的名义,由衷地向您深表谢意,给您颁发这枚滨海塞纳省的荣誉勋章。

法国滨海塞纳省维勒基埃的雨果纪念馆

雨果与中国

雨果纪念馆的"雨果和中国文化"展的海报

雨果纪念馆前的草坪上用树枝搭成"雨果"的中文名字

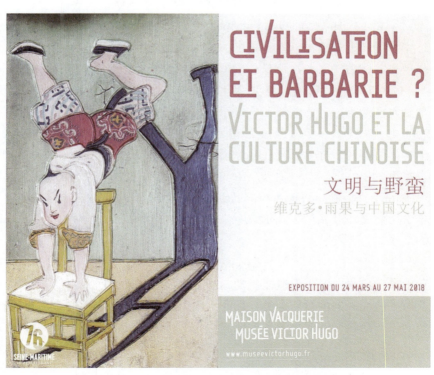

"文明与野蛮——维克多·雨果与中国文化"展的展品目录

附录三

古巴哈瓦那"雨果之家"
对程曾厚的采访

2019年11月14日，本书作者应邀参加由法国古巴友好协会（Cuba coopération France）组织、在古巴哈瓦那"雨果之家"举办的"国际雨果学术研讨会"，大会的主题是"雨果是和平的预见者"（"Victor Hugo, visionnaire de la paix"）。由世界五大洲的雨果研究者参加这次学术讨论会，我是亚洲唯一的代表。

我在国际雨果学术研讨会上，做了题为《雨果是中国人民受苦受难时的捍卫者》（"Victor Hugo défenseur du peuple chinois opprimé et humilié"）的发言。全体与会代表下榻在古巴国宾馆。

会议期间，我饶有兴趣地仔细参观了哈瓦那的"雨果之家"（Casa Victor Hugo），认识了古巴"雨果之家"的主任戴维·科林纳（Deivy Colina）和图书馆负责人耶尼亚·冈萨雷斯（Yenia Gonzales）。

2020年9月1日，我收到古巴"雨果之家"图书馆主任的电子邮件。古巴法国友好协会表示有意对我进行访谈。在我之前，他们已经访谈了法国的热拉尔·普香和让-马克·戈米（Jean-Marc Gomis）、美国的玛娃·巴尼特（Marva Barnett）教授。访谈的内容已经在"古巴法国友好协会"网站上发表。我是第四个接受访谈的人。下面为发表的访谈，原文用法文发表，这里译成中文。

程曾厚，广州中山大学退休教授，前南京大学法语教研室主任，法国文学史学会第一位在中国的通信会员，翻译出版多种雨果作品和雨果诗选。程教授是一位雨果作品热诚的仰慕者，他慷慨地为这次访谈提供了珍贵的材料。

是什么促成你走近雨果的作品？

正是雨果本人，为我打开了通向雨果研究的大门。1962年，我在北京大学法语专业本科毕业后，成为浪漫主义文学专业的研究生。一天早上，我在教师阅览室工作。我偶然走过墙上的读报栏。我在《光明日报》上看到雨果《致巴特勒上尉的信》的中译文，译文不是从法语翻译过来，而是从俄语转译过来的。我大吃一惊。我思忖：雨果不仅仅是我正在研究的剧本《埃尔那尼》的作者，不仅仅是我经常阅读的抒情诗的诗人，雨果竟然关注远离法国的北京，关心遭到英法远征军劫掠的圆明园。

雨果写下这封信，表明自己是中国人民的朋友。这封信是用法文撰写的。我暗下决心，要找到这份历史文献的法文原文。20 年后，我在南京市图书馆里找到了。2 年以后，1984 年 2 月 26 日，《人民日报》发表由我翻译的雨果这封信，译文直接从法文原信翻译过来。大门打开，我跨进大门，我向前走。

雨果是怎么看待中国的？报刊上经常谈到的是高城居里的那些装饰品。是不是就是所谓的"中国趣味"？雨果和中国文化之间究竟有哪些联系？

安德烈·莫洛亚在他的《雨果传》的"卷首语"里说："在我一生的岁月里，我不断发现他天才中有一些新的方面。"罗萨先生（巴黎第七大学教授）曾对我说，法国公众 1985 年才第一次惊闻画家雨果的天赋。接着，大家越来越了解到他作为室内装饰家的天赋，证据就是高城居这整幢大楼。已经有好些年了，他天才的又一个新的方面，慢慢地出现在我面前。雨果心中有一个中国梦。他不断地培育这个梦，尤其是在长达 19 年的流亡生活时期。他是一个"坚定地热爱中国"的作家（热拉尔·普香语）。请看，他除了写有诗篇，他还画有绘画。首先他写有《致巴特勒上尉的信》，其次，他建成高城仙境，也就是今天巴黎孚日广场雨果故居的中国客厅。早从 1827 年起，青年雨果就关注中国。18 世纪 30 年代，他给情人朱丽叶做中国文化的启蒙工作。他先在高城居积累购买和装饰中国艺术品的经验，以后又全身心地扑在高城仙境的装饰工作上，把高城仙境建成一首"中国诗"（朱丽叶·德鲁埃语）。

请谈谈你如何翻译雨果的大量诗篇，如何出版雨果的传记？

我很幸运，我有非同寻常的经验。翻译诗人雨果的诗句，看到雨果一行行精彩的法文诗句，在我的眼前，在我的手下，在我的指头下，变成一句句中文诗句，这会给我带来精神上的、几乎是生理上的乐趣。翻译一行诗，就有新的生命诞生。译者是第一个见证新生命诞生的。译者不仅仅是见证者，译者也是新生命的母亲。

VASE DE CHINE
A la Petite Chinoise Y-Hang-Tsei

Vierge du pays du thé,
Dans ton beau rêve enchanté;
Le ciel est une cité,
Dont la Chine est la banlieue.

Dans notre Paris obscur,
Tu cherches, fille au front pur,
Tes jardins d'or et d'azur,
Où le paon ouvre sa queue;

Et tu souris à nos cieux;
A ton age un nain joyeux,
Sur la faïence des yeux,
Peint l'innocence, fleur bleue.

(*Toute la Lyre*, VII – IV)

中国花瓶
——赠中国小姑娘易杭彩

你来自茶国的小妹,
你做的梦又奇又美;
天上有座大城崔巍,
中国是天城的城郊。

姑娘,我们巴黎昏暗,
你在寻找,天真烂漫,
你金碧辉煌的花园,
园中孔雀开屏美妙;

> 你笑看我们的天顶；
> 小矮人，在你这年龄，
> 会张着瓷白的眼睛，
> 把纯洁的蓝花轻描。
>
> 　　　　　（《全琴集》卷7-6）

你在根西岛访问雨果的流亡故居高城居时，除了陈列馆里的陈列品外，还看到了哪些东西？

让·德拉朗德在他的《雨果在高城居》一书里写过："雨果在这种18世纪的英式家具里，本能地找到了三种风格——哥特式、路易十五式、中国式——雨果的高城居的室内装饰从中取得灵感"，又说"至于中国，高城居的每间屋子里有中国"。

我参观雨果的流亡故居，亲眼看到了德拉朗德的结论。我在二楼的红厅，看到了英国军官1863年卖给雨果的来自圆明园的丝绸。雨果的卧室，和红厅及蓝厅一样，有中国艺术品。这位法国诗人白天在他的畅观楼写作，而到夜里，他几乎和中国人一样安睡。

你研究雨果作品的基本方面情况如何？

雨果的《致巴特勒上尉的信》是他和中国及中国文化关系的核心。所以，首先，这封信的任何方面，都是我的雨果研究的首要问题。其次，凡是雨果的文学作品和艺术创作中和中国相关的问题，他的两处故居（根西岛和巴黎）里的收藏品，都会引起我的重视，是我研究的对象。

雨果尤其在1851—1870年流亡期间，成为世界良心的代言人。什么地方有弱小的民族受到压迫，有宗主国镇压殖民地的起义和反抗，雨果就站起来，大声疾呼，喊出抗议。他关心古巴人民的命运。他的两篇文章《致古巴妇女的信》和《声援古巴》，就是证明。他还强有力地为远东的中国打抱不平。他捍卫北京被英法远征军劫掠和焚毁的圆明园。雨果被这起野蛮罪行所激怒，写下了《致巴特勒上尉的信》，在信中高呼"我抗议"。

你在哈瓦那学术研讨会上的演讲《雨果是中国人民受苦受难时的捍卫者》，是否和这个问题有关？

早在2017年年底，普香就给我预告哈瓦那的这次国际学术研讨会——其实，我是通过普香的《跟随一位名叫雨果的导游在英吉利海峡群岛漫步》一

雨果与中国

书，于1989年3月18日认识他的。他是我多年的老朋友，是我十分知己的好朋友。如果没有普香的友谊，我的雨果研究会碰到很多很多困难——他一如往常，友好地邀请我参加这次盛会。我先提出了我的论文的第一个题目。我是听从了他的建议，改变想法，确定了现在的主题：雨果是中国人民受苦受难时的捍卫者。

我掌握了《致巴特勒上尉的信》这封信手稿的两页幻灯片。经过研究，我得出了一个令人大吃一惊的结论。不仅仅这封信的收件人是伪托的，写信的日期和地点也是杜撰的。只有信的文本是实实在在的。奥瓦斯先生（巴黎索邦大学教授）说过，我们缺少一份能解决这篇历史文献的写作时间和地点的资料。

法国读者知道，雨果写抒情诗有注明写作日期的特殊做法。他自有一套自己注明抒情诗日期的习惯，结果是抒情诗上的日期和手稿上的日期并不一致。只有注明的日期才能承载雨果内心的感情，更为诗人所喜爱，而不是手稿上的日期。不过，用之于诗歌的做法，也能适用于政论性文章吗？

可以适用。我们在1870—1876年的《言行录》第三卷中，读到一篇有关巴黎公社的长篇文章：《致默里斯和瓦克里两位先生的信》。雨果在信前加了一条按语："下面这封信，因为人所共知的原因，无法出版，现在当然在本集中有其位置，按日期排列：布鲁塞尔，4月28日。"信的开头是，"亲爱的朋友们：我们正经历一场危机"，而结尾是，"最后一句话。不论有哪些事情把我留在布鲁塞尔，如果你们认为需要我来巴黎，毫无疑问，不论为什么事情，你们只要向我表示一下，我会马上跑来的。维·雨果"。

这是一篇以书信形式出现的文章，或者说一篇书信形式的文章，令我们大吃一惊。一篇如此重要写历史的文章，竟是"事后"写成的。

雨果有必要给收录在《言行录》里的一篇重要文章的日期作假吗？还是雨果自己给了我们解释。他在1871年9月15日给保尔·默里斯写道："……如果在我写给你们两位的信里，此信概括并且发挥了我在巴黎公社期间写给你们的全部信件……"首先是"概括"，其次是"发挥"。雨果没有任何顾忌地把这封信收入《言行录》。

雨果面对日益远去的圆明园悲剧，没有放弃为历史留下自己强烈谴责的想法。他1861年年底因为写作《悲惨世界》而错失了机会。1875年编辑《言行录》第二卷时，这对他来说是表明自己心中念念不忘的立场的最后机会。《致巴特勒上尉的信》可以说是雨果一生怀有的中国和中国文化情结长期酝酿的结果。

如果这是一封实寄的信件，收件人和写信时间当然重要。但情况并非如此。现在它纯粹是表明政治立场而已，这立场"概括"他的思想、他的爱好、他对中国文化的景仰，"概括"他面对圆明园劫难的悲痛。

留下了这篇文章，留下了这篇历史文献，这才是最重要的事情。文如其人，《致巴特勒上尉的信》就是雨果本人。

用热拉尔·普香的话说，雨果是"一个坚定的热爱中国的作家"。

你同时也是法国文学史学会和雨果之友学会的成员。

1984年，我很荣幸地被聘为法国文学史学会的国外通讯会员。身为国外通讯会员，我能收到免费寄赠的《法国文学史评论》。我和法国文学的专家有经常的联系。我还有幸在法国文学史学会的刊物上先后发表了3篇书评和1篇论文。

我是2002年法国雨果之友学会的第一批会员。我和该学会的领导层保持持久的友谊。

你访问古巴的总体印象如何？

我因为参加雨果的国际学术研讨会，有机会访问了哈瓦那。我只有三天时间。除了学术研讨会以外，我参观了大教堂和大教堂广场，我应邀参观了哈瓦那的法语联盟，我很愉快地在普拉多散步便道散步。当然啦，我下榻在古巴的国宾馆，我很喜欢这座国宾馆。我很喜欢哈瓦那的各处广场，喜欢广场上的雕像和雕塑。哈瓦那是一座历史悠久的城市。唯一的遗憾是我没有时间离开哈瓦那去别的地方参观。

我反反复复地参观了"雨果之家"。我很喜欢这座纪念雨果的小巧玲珑的雨果之家。我也很喜欢"雨果之家"开展的工作和组织的各项活动。

我希望中国也能有类似古巴"雨果之家"的机构。毕竟，雨果为中国和中国文化做了那么多的事情。目前，中国人欣赏雨果，主要是因为他是世界文学的经典作家。

雨果与中国

2019年,古巴首都哈瓦那藉建城500周年之际,举行雨果国际研讨会,请全世界五大洲的代表出席

附录三

雨果国际研讨会在哈瓦那的
"雨果之家"举行

"雨果之家"大厅里的雨果国际
学术研讨会的宣传画

附录四

雨果与中国[*]
——程曾厚教授学术访谈

中法文学与文化交往源远流长。蔡元培和李石曾发起的留法勤工俭学为中国文艺界培养了一批大师级学者和业界翘楚,奠定了我国的法国文学研究基石。程曾厚教授师从法国文学专家闻家驷教授,专注于雨果研究,也是国内努力介绍西方语言学的学者之一。1995年起程曾厚教授任教于中山大学,出版《语言学引论》(法文版),完成雨果诗歌、散文、绘画以及雨果与中国等课题,对国际雨果研究作出杰出贡献,推动中法文学和文化交流,也推进我国的法国文学研究,在法语语言文学学科建设中发挥了骨干作用。程曾厚教授在2007年获得法国教育部颁发的"法国教育骑士勋章",为首位获此殊荣的中大学者。

摘要:程曾厚教授毕生致力于雨果研究,也是《计量词汇学及其他》和《语言学引论》的作者,选评过索绪尔的《普通语言学教程》,研究领域极为广阔。作为"执着的学者",程曾厚教授用了四十多年的时间,多次赴法英走访雨果故居,进入图书馆、博物馆和档案馆查阅文献,融会贯通,形成了具有中国视角和主体意义的雨果研究成果,获得国际研究界同行的高度肯定。程曾厚教授执着于文学研究的心路历程,及其治学观念和研究路径为当代治文学者提供积极的启示。

求学经历:崇尚人文,痴迷文学

郭丽娜:程老师,您在大学阶段为什么选择报读法语,从事法国文学研究?

---

[*] 根据程曾厚自述和2021年3月7日访谈(2小时33分)内容整理,本文载于《中山大学学报》2021年第2期。

程曾厚：我在上海读的小学，6 年，所以我今天可以讲上海话，然后中学 6 年在老家江苏无锡。我就读的辅仁重点中学从过去和今天看算是比较好的中学，有教会办学背景。"辅仁"取自《论语·颜渊》中的"君子以文会友，以友辅仁"。学校重视人文教育，采用西方教学体系，模式相对成熟，强调英语教学，有一批学养深厚、教学经验丰富的教师。我的英语老师沈制平先生教了我六年。他是一位很有特色的老师，没有留过洋，刻苦自学英语，是公认的没有出国留学却功底很扎实的老师。我 1956 年进大学，高三填报志愿的时候，沈制平老师对我说："程曾厚啊，你去报北大的法语，理由如下：在英国社会，法语是区分老百姓和贵族的语言界限。王室女王和王室成员讲英语，老百姓也讲英语，但女王和王室成员内部是讲法语的。既然现在懂英语的人很多，你就去学法语吧。"我事前没有思想准备，一听觉得有点道理啊，就报读北大法语了。我就这样稀里糊涂学了法语的。当时北大西语系有一个同学报考德语，老师问他为什么报读德语，他的理由是德语是马克思和恩格斯的语言。谁也不敢说不是，马上就录取到了德语。后来有一次我到复旦大学开会，复旦英语系主任陆谷孙先生是编写《英汉大词典》的，他原先报考的也是法语，没被录取，而是录取在英语，因为那个时候法语卡得严。大家笑笑说，幸好你没被录取在法语，现在才成了全国英语的大人才。所以呢，我不是有准备，也不是家长有深思熟虑，完全是因为英语老师的建议。实际上，不仅是英国贵族社会讲法语，俄罗斯贵族社会也是如此。19 世纪，法语还是欧洲法律界的工作语言。

当时北大法语专业有大概十位老师，从郭麟阁开始，都是研究法国文学的，阵容强大。只有李熙祖老师不是做文学的，或者说以文学作为业余爱好。他是在上海法国人办的银行里度过一辈子的，和法国银行界打成一片，口语好得没得说。除了李熙祖之外，郭麟阁、吴达元、陈占元，还有我的导师闻家驷，都是研究法国文学。我的导师闻家驷是闻一多先生的弟弟，他的工作和爱好兴趣都是法国文学。他也承担语言课程。也就是说，那个时候北大一个教研室，等于是清一色的法国文学。所以在那个环境下，我心底里向往的就是法国文学。

郭丽娜：法国是文学大国，19 世纪文坛星光熠熠。您为什么关注雨果，而且一直追随雨果？

程曾厚：据说，茅盾先生曾在 1951 年维也纳第二届世界和平大会上呼吁把法国雨果定为"世界文化名人"，以纪念雨果诞辰 150 周年。柳鸣九先生是最早组织雨果研究的学者。北京大学西方语言文学系的法语专业学制 5 年，我 1961 年毕业。毕业后留校做法国文学研究生。西语系安排我学习法国浪漫主义文学，研究雨果。我们国家 1962 年的研究生体制是模仿苏联体制，不设博士和硕士之类，三年毕业。我读法国文学研究生期间，读完了基础课程，跟随吴达元先生研读了几篇古典主义戏剧的原著。读研的前两年还阅读法国浪漫主义的诗歌，以及雨果的戏剧。1962年3月，一次偶然的机会，我读到《光明日报》刊载的由程代熙从俄语转译的雨果抗议英法联军焚毁圆明园的信件。这件事给我震动很大，我牢牢地记住了雨果的名字，对我以后一生的雨果研究，起到决定性的推动作用。

我毕业之后主要从事语言教学，不过我一直记得我是北京大学法国文学研究生，文学是我的终身职业和爱好。我把主要精力放在语言教学上，也尽量把业余时间留给雨果。雨果对我而言，是一个具有国际影响力的大文豪。他是一个非常有吸引力的选题，我无法把他放下。

学术领域和主要业绩：游走在文学和语言学之间

郭丽娜：您到中山大学之后，主要任务也是本科语言教学，您还给专业研究生开过"语言学引论"课程，在高等教育出版社和施普林格出版社同时出版这门课的教材。我是首届研究生，非常幸运，接受您的启蒙。您的课程给我留下深刻印象，后来我才知道您出版过其他语言学论著。

程曾厚：我在南京大学任教期间经过全国统一考试，被分配到加拿大魁北克的拉瓦尔大学进修2年。出发前，教研室对我提出明确要求：进修回来后的教学任务是语言教学。我放下法国文学，放下雨果，选修语言学和法语语言史，硬着头皮学习古法语、中古法语和法语语音史等课程，修了拉瓦尔大学语言学系阿尔贝·马尼埃（Albert Maniet）教授的"语言学引论"。马尼埃教授是比利时人，从比利时到加拿大讲授语言学概论，他的课程非常好，我听了两遍，并一一拜访拉瓦尔大学的语言学教师。回国后，我出版了三种语言学著作：法文版的《语言学引论》，王力先生题写了书名；《计量词汇学及其他》，是周有光先生作序；还有"高等学校文科教材"系列《西方语言学名著选读》的一章："索绪尔的《普通语言学教程》"。

法文版《语言学引论》的主要材料来自马尼埃教授的教学大纲，其中有一部分我作出中国化的处理。出版之前，我和马尼埃教授联系，他很乐意见到该书出版，并为中国出版的《语言学引论》写序。当年我也请叶蜚声先生去请王力先生写序。王力先生说写序要看一遍全书，他已经没有这个精力了，但他赞成用外文写概论，就提笔写书名。我这几天在想，如果不是雨果这个选题对我来说具有很大的吸引力，很有意义，我当年可能会和中文系合作，专门介绍索绪尔的普通语言学。这就是命运。事后看来，对今天的雨果研究来说，语言学这个插曲算是一个不大可也不小的弯子。不过我的语言学知识,对我以后法国诗歌的翻译,不无积极意义。

郭丽娜:您只给首届研究生讲授语言学课程,然后就全心全意投入到雨果研究当中。

程曾厚:我要回到雨果身边。我的雨果研究在南京大学开了头,主要成果是在中山大学取得的。2002年是我一生从事雨果研究的重要一年。在这一年里,我在中山大学做成了一件以前不敢想象的事情。我感谢中方和法方对我的信任,也感谢中山大学领导的支持,还有外国语学院的积极参与。

我在南京错过了1985年雨果逝世100周年的大好机会。2002年是雨果诞辰200周年。我促成了中山大学和法国大使馆共同举办大型纪念活动。以往法国大使馆只在北京一地纪念法国文化名人。2002年,法方破例除了在北京,还在广州由中山大学和法国大使馆联合举办纪念活动。法方提供大部分经费,并邀请到雨果的玄孙女玛丽·雨果参加。这是雨果后代第一次来华访问。在纪念大会上,时任中山大学校长黄达人、时任法国驻华大使毛磊、雨果的玄孙女玛丽·雨果三方都在大会致辞中着重提到雨果抗议圆明园被毁的信件《致巴特勒上尉的信》。广州的媒体积极报道,中法朋友济济一堂,雨果的声音在广

中山大学中法联合举办雨果诞辰200周年纪念活动,全体与会代表会后的合影

雨果与中国

州上空回响。广州的纪念活动，连续两天；除了中山大学，广东外语外贸大学和广东美术馆各有相应的纪念活动。应该说，中山大学的雨果诞辰200周年纪念活动，内容之丰富，形式之多样，参与的单位和人数之多，都是空前的。我是这次纪念活动中法双方的协调者。人民文学出版社为此出版纪念版12卷《雨果文集》。毛磊先生为我编选的《雨果绘画》亲自撰写长篇序言。

法国毛磊大使和雨果玄孙女玛丽·雨果参加中山大学的纪念活动

程曾厚（右）作为中法联合举办纪念活动的协调人
和毛磊大使（中）及玛丽·雨果（左）合影纪念

· 162 ·

郭丽娜：您研究雨果，经历过哪几个阶段？阶段性代表成果有哪些？到目前为止，您最满意的作品有哪些？

程曾厚：我回到雨果身边，首先是传统意义上的雨果研究，即研究雨果生平和翻译雨果作品，其中雨果的诗歌翻译是重头戏。这一阶段的雨果研究，主要体现在 14 种译著上。第二阶段的雨果研究，目标是"雨果和中国文化"。这个过程不是事前有所规划的，而是随着调研开展和文献积累，水到渠成的。

第一阶段的主要成果是莫洛亚版本和巴雷尔版本的雨果传记译本、四种不同版本的雨果诗歌译本和两种雨果的记游作品。另外我在香港《大公报》副刊"大公园"发表寻访雨果遗迹的大量记游文字，出版了《程曾厚讲雨果》《雨果十八讲》和《巴黎圣母院》。译著方面，人民文学出版社版《雨果诗选》以及 12 卷本《雨果文集》第 8 卷和第 9 卷《雨果诗歌》、第 11 卷《雨果散文》、第 12 卷《雨果绘画》，可以算是比较满意之作。

2000 年，我为筹备 2 年后的雨果诞辰 200 周年纪念活动，访问巴黎的雨果故居。雨果故居负责人给予热情的支持，为我新阶段的雨果研究提供了方便。2002 年 4 月 17 日，广州纪念雨果诞辰 200 周年前夕，我在《中华读书报》发表了《雨果是中国人民的伟大朋友》一文。《雨果是中国人民的伟大朋友》既是对雨果诞辰 200 周年的纪念，又是我个人雨果研究新的路标，预示自己未来的研究方向。这是我从传统的雨果研究，进入探索和发现法国作家雨果和中国文化具有多方面联系的新阶段。

郭丽娜：您也是一位翻译家，勤于耕耘，曾经提出翻译的最大公约数这一概念。我的理解是您把语言学知识运用到文学研究，尤其是法语诗歌汉译上面。

程曾厚：我从翻译法国诗歌一开始，就注意设计一套来自翻译实践并指导翻译实践的翻译模式。我原有一本完稿未刊的《法语诗汉译模式研究》，里面有"法语诗汉译的音节设计"和"法语诗汉译的诗韵设计"两章，介绍一些语言学和语音学的知识。目前这本书的大半部分被 2019 年出版的大型《中国新诗总论》第六卷"翻译卷"收录。

在译诗的具体操作上，我提出不仅忠于原诗的语义内容，也要忠于原诗的音韵特点。国内译诗持这样观点的是少数派。德语的钱春绮先生，英语的黄杲炘先生，我们三人是走在一条路上的诗译者。就我而言，如何把一句原诗，译成一句力求全面忠实的译诗，我的做法是翻译加上耐心。我把每一句诗翻译六遍。第一遍，句段直译；第二遍，逐句直译。这前两步以求不在语义层偏离原诗。第三遍，诗化加工，也就是说，译成分行的自由体；第四遍，诗韵加工；第五遍，字数（音节）加工；第六遍，节奏加工。每一遍解决语义或格律上

雨果与中国

的一个环节。

把法语诗歌翻译成汉语,是我一生的一件大事。有两件事情值得一提。第一是我的诗歌翻译理念和法国艾田伯(Etiemble)教授是不谋而合的;第二是法兰西学院的中国籍院士程抱一先生在 1997 年上海复旦大学召开"中法翻译学术研讨会"上,也同意我的看法。他说:"我深有同感,极为赞赏;这是最富于专业性的发言之一。"(Je suis plein de sympathie et d'admiration. C'est une des interventions les plus professionnelles.)

程曾厚教授的译著和专著,右侧是南京大学时期,中间是中山大学时期,左侧是退休后

治学观念和方法:走进现场,感同身受

郭丽娜:程老师,我们回到雨果这一主题。我记得 2012 年您把发表在《法国文学史评论》上的论文《巴特勒上尉是谁?——论雨果关于圆明园的一封信》复印件送给我。您的雨果研究是如何以《致巴特勒上尉的信》为起点,一步步接近雨果,走进雨果的呢?

程曾厚:关于雨果抗议圆明园被毁的《致巴特勒上尉的信》,法国雨果专家一致认定写于 1861 年 11 月 25 日,法国国家图书馆收藏了该函原件。20 世纪 80 年代,我在南京图书馆找到该函件的法文版,为了迎接 1985 年纪念雨果逝世 100 周年研讨会,我从 1983 年年底开始翻译雨果的这封信。1984 年 2 月 26 日,《人民日报》发表了我的译文。译稿后来收入我们的中学语文教材,这是后来的事，对我来说也是没有想到的事情。

当时我了却一个心愿，同时发现，根据法国最权威的《编年版雨果全集》记载，雨果在1861年仅有两篇作品，分别是《悲惨世界》和《致巴特勒上尉的信》。一部洋洋150万字的长篇小说，和一篇两页仅仅1340字的书信。我很感动，雨果正是用书写《悲惨世界》的手和笔，写成这封为中国人民支持正义的《致巴特勒上尉的信》。我对这位收信人巴特勒上尉当然感到好奇。按照常规，我应该为读者加一个注释，简单介绍这个巴特勒上尉的身份，以及他和雨果的关系。后来我去巴黎拜访法国雨果研究专家戈东夫妇。他们正计划出版《雨果通信全集》。那不是单行道的作家"书信集"，而是真正意义上的"通信集"，不仅收雨果的函件，还收录对方复函。我要寻找雨果这封声援中国人民的信函手稿。从戈东夫妇那里，我得知手稿存放在法国国家图书馆的登录号。2000年7月，我坐在法国国家图书馆的黎世留分馆的手稿部，认真阅读和欣赏雨果信的手稿，并请图书馆把手稿复制成幻灯片。回到广州后，我把幻灯片洗成照片。

在研究雨果手稿时，我发现手稿上没有写信时间，也没有写信地点，这点是不正常的；甚至连通常意义上的收信人的抬头也没有写，这就更不正常了。第一页的左上角，还有"待插入"的字样。那么这就是雨果信函的原件？是雨果的手稿，还是手抄件？我对法国雨果专家的看法产生了怀疑。

为了求证，我先从收件人"巴特勒上尉"下手。巴特勒上尉有姓无名。我查阅了《雨果全集》，翻阅雨果1861年11月写信前后的手记。雨果流亡时期的手记上，从1861—1864年均无巴特勒上尉的记载。直到1866年10月15日，雨果手记上才出现"巴特勒中尉来访"的字样。巴特勒中尉是英国派驻根西岛的军事长官，首次来岛，对岛上的名人雨果进行礼节性拜访。这是一个年纪轻轻的中尉军官，而且，三四个月后，又匆匆离岛，派驻别地。从此，雨果一生中，再也没有出现过一个叫巴特勒的军官。结论可以是1861年的"巴特勒上尉"可能是一个杜撰的收件人。接着，我再从雨果写这封信的日期下手。雨果在1861年11月25日这一天，从早到晚，究竟做了什么？雨果手记里对这一天没有任何记载。当然也不会有人见证雨果这一天从早到晚做了什么，或是写了什么。我准备放弃了。

就在这个时候，奇迹发生了。竟然有一个人，此人明明白白告诉我，雨果这一天没有时间写信，没有时间写《致巴特勒上尉的信》。这个人不是别人，正是雨果自己。是雨果本人用白纸黑字告诉我，他没有在1861年11月25日写信。1862年1月21日，即1861年11月25日后不足两个月的时候，雨果在报刊上发表了一封致友人的信件，说到为了写《悲惨世界》，"要我全神贯注，让我无暇他顾,对外界发生的事情毫不知情"。

也就是说,从来没有人怀疑过《致巴特勒上尉的信》的写信日期,也从来没有人关注过1862年1月21日这封发表在报刊上的信件;即使看过这封信件,也没有人会把它与雨果抗议圆明园被毁的信件联系在一起。而这封信件明确告诉我们,1861年11月25日,雨果在高城居创作《悲惨世界》,根本没写下《致巴特勒上尉的信》。至此,调研的意外收获是推翻法国雨果研究界的观点,证明《致巴特勒上尉的信》的写作日期不是1861年11月25日。这是一封事后写成的书信体文章。2010年10月,我在中华书局出版《雨果和圆明园》一书,详细追索了这个细节的来龙去脉,也在《法国文学史评论》发表论文。

郭丽娜:在研究过程中,您如何听从内心,走进雨果生活和创作的历史现场,去触摸和感知雨果?

程曾厚:研究一位外国作家,研读作品非常重要。此外,走出去也是很重要的。走出去,是一个笼统的说法。具体说来,就是争取走到现场,走到有历史内容的第一现场。1989年,我52岁,第一次访问法国。我努力做成两件事情:第一,访问雨果生活、创作和斗争过的每一处地方,除了巴黎的雨果故居,我还去了英吉利海峡群岛的泽西岛和根西岛,寻访雨果的流亡居所高城居;也造访卢森堡公国的雨果故居纪念馆,参观过雨果在政变后出逃到布鲁塞尔的住所。第二,一一拜访和请教巴黎的老中两代雨果研究专家,也去拜访外省尼斯和蒙彼利埃两地的雨果研究专家。

除了走近雨果,还需留住雨果。我手里需要一架或大或小的照相机。1989年时,我有一架奥林巴斯的傻瓜相机。2008年,我有一架松下的低档次数码相机。相机的作用,不仅是历史的见证,而且是历史的记录。就我接触到的情况看,我大概是全世界为雨果拍摄照片最多的人。我不仅给高城居拍摄了500张照片,也给巴黎的雨果故居和中国客厅拍摄了500张照片;我不仅给雨果一生在巴黎留下的踪迹拍摄照片,也为雨果在卢森堡避难和创作的边陲小城菲安登拍摄照片。

郭丽娜:在调研过程中,哪处历史遗迹对您触动最大?

程曾厚:我为雨果拍摄"第一现场"的照片,距离最远、难度最大的,是英属泽西岛的东北角,是新石器时代的史前人类遗址"罗泽尔石棚"(Dolmen de Rozel)。1989年3月底,我来到英属泽西岛,一个人在小岛上,用两只脚,穿越荒无人烟的荒山野林,独自寻觅罗泽尔石棚,那里没有人影,只有大海永无休止的咆哮声。为什么?为什么我非要找到这座欧洲古代的凯尔特人的史前遗址?因为雨果有两首重要的哲理长诗《我要去》和《黑暗的大口在说话》是在罗泽尔石棚写的。我有一切理由要找到、要看到能够给诗人雨果启发、给哲理诗人雨果灌输灵气的这座罗泽尔石棚。我在石棚工作了40分钟。这时候，这地方，没有一架傻瓜照相机行吗？我可以怀疑，全世界只有我，为了雨果，寻觅并且找到了罗泽尔石棚。我走到这个文明世界的尽头，和诗人雨果在思想上，在精神上，默默沟通。

1993年，我为香港《大公报》的副刊《大公园》写了《海峡群岛浪迹》15篇、《海峡群岛浪迹再记》15篇和《海峡群岛浪迹三记》14篇。2019年，我为自己印制了一本附有原创照片的《海峡群岛浪迹》，纪念30年前这次和哲理诗人雨果共鸣而走到文明世界尽头的远行。

郭丽娜：从某种意义上讲，您也是一位文学家和艺术家，所以对雨果的理解比普通人更加深刻。和国外同行不同的是，您注重发掘和阐释雨果与中国文化的关系。

程曾厚：我1989年年底第一次去法国，法国同行告诉我，法国公众在1985年第一次得知雨果不仅是诗人和作家，还是伟大的画家。为了考证《致巴特勒上尉的信》，我后来自费到雨果的流亡故居高城居进行一次实地考察研究，并获准拍摄高城居的照片，回程我又在巴黎拍摄雨果故居中国客厅的照片，一起带回国内研究。我当时根本没有意识到画家雨果和中国文化研究会有什么关联。不过高城居的大量中国艺术品，让我看到画家雨果对中国文化的崇敬，超出一般意义上的兴趣和欣赏。但是法国业界没有人研究，雨果故居纪念馆对中国客厅也没有充分的介绍和说明。我专诚拜访法国雨果绘画权威专家若热尔，在他的精细研究里，对雨果在中国客厅里的艺术创作却语焉不详。

所以，从2010年到2020年的十年间，我把关注点转向画家雨果和中国文化的关系。一般而言，法国同行对中国文化不了解，所以难以开展这一主题。我的注意力主要集中在对中国客厅的整体研究上，努力寻找和整理雨果的中国题材绘画，查找文献，说明画家雨果和陈列的中国艺术品之间的关系。我先是发现几幅雨果的中国题材画，比如雨果画的"二郎神"和"太上老君"，是对中国客厅里中国的竹丝帘画的直接模仿。另外，我看到中国客厅里凡是重要的中国艺术品，没有一件是孤立存在、独立陈列的。雨果为每一件中国艺术品设计和创作装饰性图案和背景，以求突出、烘托和美化中国艺术品。我根据手头的大量照片，进行统计、排列和比对。我逐步发现，雨果当年投入大量的时间和精力，把根西岛上的高城仙境装修成一座中国仙境。用高城仙境女主人朱丽叶自己的话说，这是一首"真正的中国诗"。根西岛的高城仙境于1903年搬来巴黎的雨果故居，今天叫作"中国客厅"。

我认为，画家雨果和艺术家雨果在今天的中国客厅里为中国文化服务。雨果拥抱中国文化，和中国文化合二而一。画家雨果的工作，艺术家雨果的手法，就是为中国文化服务。纵观雨果一生，从年青到年老，不论是文学青年，还是文坛泰斗，他始终关注中国，颂扬中国文化，身体力行，收藏中国艺术品，成为西方世界里绝无仅有的中国人民的伟大朋友。

我们知道，雨果身为西方作家，早在 1827 年，就提出"文明如同白昼，文明的曙光从东方升起"。接着，雨果把中国定位成人类文明的发源地之一。雨果那个时候只有 25 岁。从 1863 年到 1864 年，雨果年过六旬，在创作《莎士比亚论》的时候，更是提出"此地是太阳神，那儿是龙"，雨果明确提出东方艺术和西方艺术平等而对立的关系。我可以认为，雨果对中国、对中国文化的态度，就基于这样的认识。雨果作为一个植根于西方文化传统的作家，能有这样清醒的认识，是很让我敬佩的。我在北京上学，我参观过圆明园遗址。2000 年，我特意从法国去希腊，爬上雅典的卫城，站立在西方艺术象征的帕特农神庙遗址前，心情是很激动的。这是雨果思想中东方文明和西方文明的两个代表性建筑。今天，帕特农神庙是欧洲名列第一的世界文化遗产。

郭丽娜： 法国朋友为您的调研提供了不少帮助？

程曾厚： 法国人是友好的，对于有利于中法文化交流的活动，一般都会支持。在我的研究工作中，雨果专家戈东教授和普香都不遗余力地提供帮助，我也是在与他们交流的过程中逐步从传统的雨果研究转向"雨果和中国文化"研究的。

寄语后生：积跬步，至千里

郭丽娜： 程老师，您是老一辈学人。我的另一位老师梁守锵教授对您的评价是"执着的学者"。您克服各种主客观困难，坚持研究雨果四十多年，走到今天，成为国际知名的雨果研究专家。现在是互联网信息时代，时代不同，文学研究的方法可能也不同，那么您认为研究文学还需具备什么基本素养？

程曾厚： 2021 年，我已是 83 岁的老人，这也是雨果的生命周期。我的健康和精力，不允许我再给自己提出更多的期望、更高的目标了。我可以放下雨果，但我没有向雨果告别。我一直是应用外语的精读课教师，没有人文教学的经验。就我个人而言，我可以提出个人的感悟和希望。要做好一件事，首先要爱这件事。这是耕耘和收获的关系。从事研究，主观上要投入热情，不宜旁骛。耕耘是自己的事情，收获受客观环境的制约。所以不要把周围的环境设想得太美好，先要有孤独和平淡的思想准备，后享受意外收获的欣喜。另外，坚持文献积累，理论可以创造，但文献是不能创造的。研究需要资料，掌握资料，就有发言权。只有题目，没有资料，立论也没有根据，会流于空谈。不过寻觅资料、积累资料，可能是艰苦和漫长的过程。

至于研究外国文学，可以有两种途径。其一，在国内闭门研究，从原著到译本，从译本到原著，从作者到读者，从读者到作者，从事对原著思想和艺术的研究。其二，走出去研究，认识外国同行朋友，寻觅第一手资料。我属于第二类，但是当初并不自觉。不过我说过，我的雨果研究主要是走出去研究。我和法国同行切磋，向法国同行请教，尤其是和法国的两家雨果纪念馆建立合作关系，争取他们的支持和帮助。如果不出去，坐在家里从书本到书本的研究，那"雨果和中国文化"的研究，可以说是无从谈起的。

还有一点，学习外语，研究外国文学，这是沟通两种语言、沟通两种文化的事情。小而言之，是架设桥梁的工作；大而言之，是建造大桥的工程。学外语的人切忌忽视母语。最好从中学开始，至少大学时代，力争要打下母语的良好基础。母语不过关的人，学习外语，研究外国文学，充其量到达中级水平，不容易达到高级水平。

郭丽娜： 谢谢程老师。